GIS 在政府行业管理中的应用

武 舫 毛艳艳 田智慧 著

黄河水利出版社

·郑州·

内 容 提 要

本书是作者及其团队多年从事 GIS 应用开发的技术总结。全书共分 5 章,内容包括 GIS 在公路交通管理、房产管理、环境管理、质量技术监管等行业中的应用及社区地理信息服务系统。

本书适合从事 GIS 应用开发人员阅读,也可供 GIS 专业研究生和高年级本科生从事项目开发参考。

图书在版编目(CIP)数据

GIS 在政府行业管理中的应用/武舫,毛艳艳,田智慧著.—郑州:黄河水利出版社,2011.12

ISBN 978-7-5509-0182-7

Ⅰ.①G… Ⅱ.①武…②毛…③田… Ⅲ.①地理信息系统-应用-行业管理 Ⅳ.①F203

中国版本图书馆 CIP 数据核字(2011)第 269008 号

组稿编辑:王路平 电话:0371-66022212 E-mail:hhslwlp@126.com

出 版 社:黄河水利出版社

地址:河南省郑州市顺河路黄委会综合楼 14 层 邮政编码:450003

发行单位:黄河水利出版社

发行部电话:0371-66026940、66020550、66028024、66022620(传真)

E-mail:hhslcbs@126.com

承印单位:黄河水利委员会印刷厂

开本:890 mm×1 240 mm 1/32

印张:6.75

字数:200 千字 印数:1—1 000

版次:2011 年 12 月第 1 版 印次:2011 年 12 月第 1 次印刷

定价:22.00 元

前　言

地理信息系统(Geographical Information System,简称 GIS)是 20 世纪 60 年代发展起来的一门广泛应用于多技术交叉的空间信息技术科学。50 多年来,不同专业、不同领域对其内涵的理解也各不相同,目前对 GIS 的认识可归为三种观点。一是地图观点,强调 GIS 作为信息载体与传播媒介的地图功能,认为 GIS 是一种地图数据处理与显示系统。在此,每个地理数据集可看成是一张地图,通过地图代数实现数据的操作与运算,其结果仍然再现为一张具有新内容的地图。测绘及各专题地图部门非常重视 GIS 快速生产高质量地图的能力。二是数据库观点,强调数据库系统在地理信息系统中的重要地位,认为一个完整的数据库管理系统是任何一个成功的 GIS 不可缺少的部分。三是分析工具观点,强调 GIS 的空间分析与模型分析功能,认为 GIS 是一门空间信息科学。总括这三种观点,GIS 广泛被接受的定义为:GIS 是由计算机硬件、软件和不同方法组成的系统,该系统设计用来支持空间数据的采集、管理、处理、分析、建模和显示,以便解决复杂的规划和管理问题。

经过多年的发展,GIS 在技术上已经比较成熟。GIS 软件是系统的核心,用于执行 GIS 功能的各种操作,包括数据输入、处理、数据库管理、空间分析和图形用户界面等。按其功能分为 GIS 专业软件、数据库软件、系统管理软件等。

目前的 GIS 软件可分为通用软件和专业应用软件。通用软件包含了处理地理信息的各种高级功能,可作为其他应用系统建设的平台,其代表产品有 ArcInfo、Mge、MapInfo、MapGIS、GeoStar 等。

从 20 世纪 80 年代开始,我国在一些行业和领域着手建设地理信息应用系统,经过 30 余年的努力,建立了一批全国、省市和区域一级的数据库及大型应用系统。如全国 1∶100 万基础地理信息库、重大自然灾害监测与评估系统、三北防护林系统、重点产粮区主要农作物估产系统等。通过实际构造GIS应用系统，解决了应用领域知识的提炼、综合以及与GIS技术的结合问题，提高了大型GIS应用工程的开发管理水平，积累了较为丰富的GIS应用经验。

近年来，GIS已经成为不少部门和单位日常工作的业务运行系统，涌现出一些在GIS应用方面经验丰富、基础数据完备、业务工作流程与信息技术成功结合并完成重组过程的单位，如广州市城市规划局及其自动化中心。GIS的概念和方法得到了相当程度的普及，越来越多的用户接受了利用GIS技术来辅助业务工作的解决方案。抽样调查的结果显示，在测绘、环保、航天、矿产、建设、海洋、土地、气象等行业中，有一半左右的单位在不同程度上使用GIS技术来辅助进行业务处理。我国已经拥有很大的GIS用户群，他们熟悉GIS的方法和技术，并通过实践积累了较丰富的应用经验。

从1997年开始，作者及其团队开始从事GIS的应用研究和技术开发，涉足领域包括军队、武警、交通、房地产、水利、环境、质量技术监督等领域，开发的GIS系统紧密结合行业的管理与应用特点，为这些行业基于GIS的管理与服务提供了有益的帮助，本书是作者及其团队多年在部分政府行业管理部门中从事GIS开发的技术与经验的总结。全书共分5章，第1章重点讨论了GIS在公路交通管理中的应用，包括概述、系统概述、系统功能、数字地图、统计查询等。第2章为GIS在房产管理中的应用，以郑州市直管公房信息管理系统为例，分析了系统开发的目标、功能、框架结构、设计思路，重点讨论了数据库，特别是地图数据库的设计以及系统开发的关键技术。第3章结合水质自动监测地理信息分析显示系统的开发，探讨了系统的需求、系统建设任务、系统总体设计、功能设计和数据库设计，分析了系统开发中的关键技术及系统建设的质量保证体系等。第4章结合安阳市质量技术监管信息系统的研发，分析阐述了用户需求、系统分析与设计、数据库设计、空间数据库设计、信息编码、数据流程、系统的基本原理、系统的主要功能。第5章以郑州市社区GIS数据库系统的开发为例，介绍了地理空间数据的相关理论、社区GIS空间数据模型设计与构建及社区空间数据模型与数据库系统等。

本书第一章、第二章由郑州大学武舫撰写，第三章由黄河勘测规划设计有限公司毛艳艳撰写，第四章、第五章由郑州大学田智慧撰写，全书由武舫统稿。在这里要感谢郭树桂、武玉国、熊伟、任国灿、吴大君等同志对作者的真诚帮助和大力支持。本书得到国家科技支撑计划(2007BAH08B06)资助。

作　者

2011 年 10 月

目 录

第 1 章　GIS 在公路交通管理中的应用

1.1　概　述

近年来,随着我国交通运输事业的迅猛发展,以交通地理信息技术为核心的数字交通建设也提到重要的议事日程上来,本文就交通地理信息系统建设的若干问题进行探讨。

1.1.1　公路交通地理信息系统是数字交通建设的重要组成部分

交通运输是经济发展和社会分工的必然产物,已经成为国民经济重要的物质生产部门,主要由公路、铁路、水运、航空、管道等五种运输方式构成,无论是哪种运输方式,一般都是由运输线路、运输设备和运输枢纽等要素所构成。而运输线路和运输枢纽是交通运输的基础设施部分,是和空间地理位置以及地形、河流、居民地等地球表面的自然因素和人文因素密切相关的。同时,这些基础设施一旦建成,就构成了区域地理环境的重要组成部分。因此,以 GPS/RS/GIS 为代表的 3S 技术就必然成为数字交通建设的技术基础。

全球卫星定位技术(Global Positioning System,简称 GPS)作为一种全新的现代定位方法,在公路选线、野外测量、车辆导航与定位等方面得到了广泛的应用。

遥感技术(Remote Sensing,简称 RS)则是运用卫星、飞机、雷达等多种遥感平台,采用多种传感器技术,进行多时相、多分辨率、多尺度的空间数据的采集和处理。

公路交通地理信息系统(JT GIS),是指运用现代地理信息技术、数据库技术对公路交通地理信息进行采集、存储、管理、综合分析和处理的计算机软硬件系统。它是GIS技术在交通领域的延伸,是GIS与多种交通信息分析和处理技术的集成,在交通信息化建设中具有十分重要的作用,是数字交通建设的基础性工程。

1.1.2 当前公路交通地理信息系统建设的基本现状

目前,国内有相当多的地方、单位已开始进行公路交通地理信息系统的规划和建设。例如:新图行天下软件(北京)有限公司(Go2map Inc.),其产品以MapInfo为基础平台,开发了独具特色的"扩展网络地图引擎"(Go2map Extended Network Map Engine);江苏省提出了公路地理信息系统建设的规划,提出用美国的ArcInfo地理信息系统软件平台,建立集公路计划、管理、养护等为一体的公路交通地理信息系统;江西、福建等省也开始了大力推进公路交通地理信息系统的建设工作。

从目前国内从事公路交通地理信息系统的现状来看,公路交通地理信息系统存在如下一些问题:

(1)相对于迅速发展的交通运输对信息技术的发展要求来说,地理信息系统数据更新的速度很慢。

(2)在研究领域上偏重城市道路交通的智能化指挥管理。

(3)三维地理信息系统分析、显示功能还十分薄弱。

(4)地图数据和交通属性数据的有机连接还显得十分薄弱。

(5)系统主要还是利用国外的地理信息系统平台,如MapInfo、ArcInfo等。

1.1.3 公路交通地理信息系统的分析

近年来,各级交通行政管理部门十分重视交通信息化建设,交通部在公路水路十五信息化建设纲要中明确提出:要遵循"统筹规划、分层建设、应用主导、面向市场、统一标准、资源共享、技术创新、竞争开放"的总体思路,充分发挥信息技术在实现交通运输业全面创新中的重要作用:一方面发挥信息技术的渗透、扩散和倍增效应,成为交通运输新的生产力;另一方面应用信息技术开发交通信息资源,实现信息资源有效共享,提高行业的总体实力和国际竞争力。广泛应用现代通信、计算机和网络技术成果,进一步开发遥测遥感、卫星定位、地理信息系统和控制技术,实现在勘察设计、工程建设、运输生产和运营管理等方面的创新,大幅度提高工作效率和全面改造传统运输产业;建立"三网一库"为基本框架的政府政务信息系统工程建设中,政府业务数字化,网络化、信息资源规划与管理、资源开发和信息共享、网络互联、信息安全和网络安全、标准规范等关键技术应用与开发。启动数字交通工程,本着统筹规划、协调建设、共同推进的原则,做好各种协调和准备。

近年来,计算机信息技术飞速发展,特别是以宽带光纤和卫星通信为基础的互联网的迅速普及,极大地扩大了信息的通信交换能力;分布式数据库和共享技术的发展,极大地提高了信息存储和管理能力;仿真和虚拟技术的成熟,酝酿着信息应用技术领域的划时代变革。互联网成为其强大的信息通信平台。

2001 年,按照交通部的统一部署,全国开展了新中国成立以来的第二次大规模的公路基本状况普查。这次公路普查的基本任务是:摸清公路建设的家底,准确了解和掌握公路建设的现状,为公路交通的科学规划、计划、建设、管理服务。这次公路普查的基本目标是在公路普查的基础上,建设全国公路普查数据库、出版公路普查地图集、开发基于矢量化管理的公路普查地理信息系统。同时,随着公路普查工作的完成,一个新的问题也出现在各级交通管理部门面前,这就是公路普查动用了大量的人力、物力、财力,对公路建设的现状进行了系统的普查,掌握了第一手的基本数据,也建立了公路基础数据库,并出版了系列地图集。但是如果不对这些数据进行科学的管理,随着时间的推移,这些数据就会成为历史数据、档案数据,而最新的、变化了的公路数据还不是很清楚,从而使公路交通的规划和计划管理的科学性、权威性受到挑战。因此,运用先进的计算机技术开发公路地理信息系统就成为一种必然的选择。

1.1.4　公路交通地理信息系统建设的目标与基本要求

1.1.4.1　目标

针对国内目前公路交通地理信息系统规划、开发的现状,结合交通行政管理部门的职责,我们认为,在公路交通地理信息系统建设的目标上,应确定开发具有自主知识产权的面向公路交通计划、规划、管理、设计等应用的通用公路交通地理信息系统软件平台。

1.1.4.2 基本要求

根据系统建设的目标,公路交通地理信息系统建设的基本原则如下:

(1)系统开发要直接服务于公路交通建设的需要。不能认为公路交通地理信息系统的开发仅仅是一个公路电子地图集,要体现出利用公路普查的成果为公路交通的计划、规划、管理等服务。

(2)系统开发要充分运用先进的技术。充分吸收国内外公路交通地理信息系统开发的先进技术和经验。

(3)系统要具有可扩展性。系统在开发过程中,要本着整体设计、分步实施的原则进行,随着技术的发展,特别是随着交通信息化建设的进行,能够进行系统的无缝升级和对其他系统的无缝连接。

(4)符合国家和行业的有关标准。系统的开发要符合国家和交通部等国家或行业标准,使系统程序和数据标准化。

(5)系统要简洁、美观、大方,能够满足不同层次用户的需求。系统不能过于烦琐,能够便于用户操作。

(6)系统要安全、可靠、稳定。安全、可靠、稳定是系统成熟的重要标志,也是信息系统运行的最起码要求。因此,在软件开发实施等过程中,必须全面、细致地考虑各种可能遇到的情况,规划出合理的解决方案,为整个系统的安全、可靠运行提供保障。为保障系统和数据的安全,一方面,要加强数据和系统的保密性,避免非法用户对系统的侵入;另一方面,要增强系统的恢复机制和能力,用以避免因系统受到侵害或发生故障所造成的损失。此外,确定严密的测试方案和维护方案,也是保证系统可靠性的重要手段。

1.2 系统概述

1.2.1 系统结构

公路交通地理信息系统结构如图 1-1 所示。

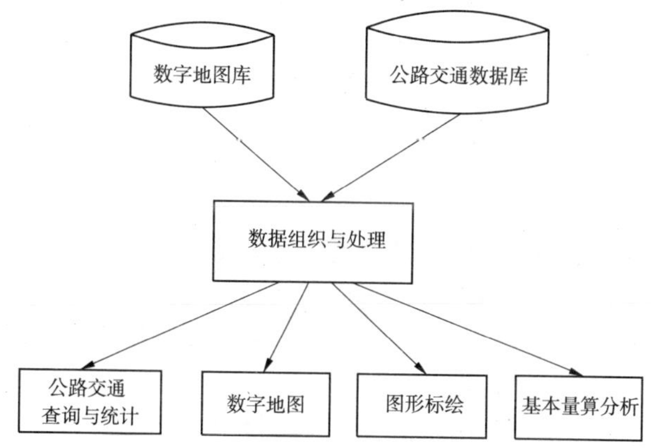

图 1-1　公路交通地理信息系统结构

1.2.2　数据流程

公路交通地理信息系统数据流程如图 1-2 所示。

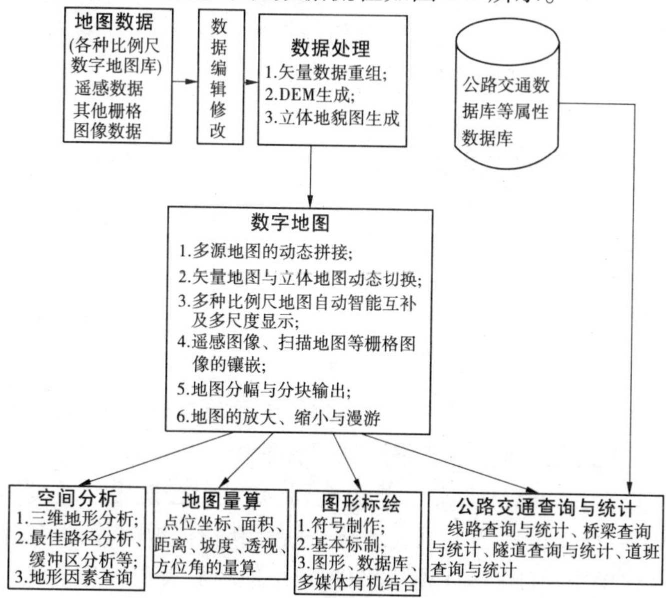

图 1-2　公路交通地理信息系统数据流程

1.3 系统功能

1.3.1 数字地图

1.3.1.1 支持多种比例尺、多种类型的数据

系统基于数字地图理论,解决了多源海量数据管理的难题,保证了一个市辖区、全省甚至全国范围的数字地图显示的需要。系统使用多种数据源的矢量地图数据,通过系统的放大、缩小、漫游功能,可显示用户关心的任意比例尺,任意地区的二维、三维地图。

系统采用"地图调用管理"机制来控制不同来源的数据的显示时机及显示方式,采用"显示控制管理"机制来灵活地控制同一地图要素在不同显示比例尺下使用不同的符号样式,使图面清晰美观;对矢量空间数据进行"制图综合"处理,建立多级分辨率数据,使在不同情况下快速显示地图成为可能。对影像栅格数据进行纠正、配准处理,与矢量数据配合使用,增强地图的现势性。

1.3.1.2 多种比例尺数据源混合使用

系统支持标准的1:5万、1:25万、1:100万扫描的栅格地图数据(任意比例尺)和影像数据等。

各种数据既可以单独显示,也可以混合显示,在1:5万、1:25万、1:100万地图数据同时存在时能够自动互补,当1:25万地图放大到一定的程度时,系统自动调用1:5万地图的数据进行显示,使地图内容更加翔实和丰富;当1:25万地图数据缩小到一定的程度时,系统自动调用1:100万地图数据进行显示,使用户能看到更准确的地形总貌。

1.3.1.3 矢量数据与多级栅格数据混合使用

矢量数据与栅格数据都可单独使用,亦可混合使用。通过对像素图的配准,可在矢量地图上准确地叠加航片和扫描地图等,能矢栅合一进行显示和操作。航片和扫描地图弥补了地图放大后地理信息不足的缺陷,叠加后不影响分析、标图等其他操作。

1.3.1.4　大区域、全要素的实时显示、缩放和漫游

可将全国范围的矢量数据动态地拼接在一起,进行大范围的显示、缩放和漫游。系统具有地图综合的功能,可用一套数据进行多种比例尺的显示,并能在各种比例尺下保持图面的清晰和美观。可根据地名和坐标精确地定位地图。系统采用高效的空间索引技术,使得在大范围显示时同样能保证快速地缩放和漫游。

1.3.1.5　立体图

立体图以真实纹理再现实际地貌。具备矢量地图的实时缩放、漫游等功能,同样也做到了“全国一幅图”的大范围显示,还可在立体图上进行分析、标图等操作。

可设定立体图的显示效果,如光源、视角、雾等;并能就选定的区域制作立体图的旋转动画,形成标准的 AVI 文件,以供播放;还可通过拖动鼠标,实时观看各角度的立体图。

1.3.1.6　立体图与矢量地图完美结合

立体图与矢量地图可在任意时刻、任意位置、任意比例尺下随意切换,并可在矢量地图上任选一块区域,跟踪显示立体图。

1.3.1.7　打印输出

系统采用分块打印技术,制作大幅面的地图可以不受打印机幅面的限制。

1.3.1.8　地图编辑

对标准的 1∶5万、1∶25 万和 1∶100 万地图矢量数据能够进行维护,可以修改、删除、增加任一地图要素,大大增加了地图的实效性,如添加一条新建的高速公路等。

1.3.2　交通数据查询统计

系统将公路网(公路普查 GPS)数据和 1∶5万、1∶25 万国家标准地形图实现了有机的结合,完全符合交通部《公路定位规则》的标准,并且可以准确、直观地显示和查询公路沿线的地形、水系、居民地等地理信息。

本系统采用动态分段技术,将公路网的表格数据和地图数据实现

了有机结合,可以根据公路网数据库的信息,在地图上以特定的地图符号进行显示。系统采用点击查询、设置指定和任意条件等多种方式,实现对公路网信息的查询、统计,并在地图上用多种方式表示查询统计的结果,实现了对公路网数据的有效利用,从而使公路管理更加科学,保障了公路网数据从过去仅仅为档案数据到动态更新的变化。

1.3.3 基本量算分析

空间分析基于大范围的地图管理进行,并充分考虑可视化效果。①地形分析方便快捷,可在图上求点位坐标、距离、面积、坡度、剖面、方位角、缓冲区等;②网络分析信息量大且速度快;③查询中,空间地理数据能与多媒体等属性信息有机结合。

1.3.4 图形标绘

符号制作工具将地图符号的制作和交通符号的制作融为一体,符号库对用户完全开放,不同用户使用符号制作工具对交通符号库进行扩充,定制自己的符号库。图形符号具有丰富的图形效果和强大的编辑功能;图形符号与GIS紧密结合,采取类似于地图图层的方式对图形标绘内容进行分层管理。地图比例尺缩放时,可以有效控制符号的显示比例。图形符号突破单一图形的特点,每一层的标绘符号都可以动态地关联任一数据库,如外挂文字、图片、录像、声音、小型数据库等多媒体信息,使图形的内容大大丰富。利用图形标绘可以完成各业务部门专题空间数据和属性数据的有效管理。

1.4 数字地图

1.4.1 矢量地图基础

1.4.1.1 矢量地图数据库

1. 矢量地图

数字地图以其数据的存储方式分为矢量地图和栅格地图。矢量地图是以坐标形式存放的,具有存储数量小、显示速度快的特点。本系统的地图数据以矢量数据的形式进行管理。

2. 矢量数据要素

矢量数据要素是指具有相同性质的实体的集合及其数字图形表示地图要素的分类,通常是按客观世界的事物或现象的性质和用途进行划分的,而且已经形成标准。要素的描述是利用其属性信息、几何信息、拓扑信息和辅助信息。这些信息是以数据作为其载体,数据的值即其编码。属性信息是描述数字地图要素分类分级和质量数量特征的信息,一般属性编码由主码和子码共同组成。主码表示地图要素的类别,一般可划分为十类:测量控制点、独立地物、居民地、交通运输、管线、境界和政区、水系、地貌、土质、植被。子码按其功能又可分为识别码、描述码和参数码。

1.4.1.2 坐标系

系统中存在多种坐标系,主要有屏幕坐标系、地理坐标系、高斯平面直角坐标系和地图坐标系等。

1. 屏幕坐标系

屏幕坐标系是显示图形所采用的坐标系。它是以屏幕左上角的点为坐标原点,以水平方向为 X 轴,以垂直方向为 Y 轴,以像素为单位,坐标的最大值为屏幕的大小。屏幕坐标系如图1-3所示。

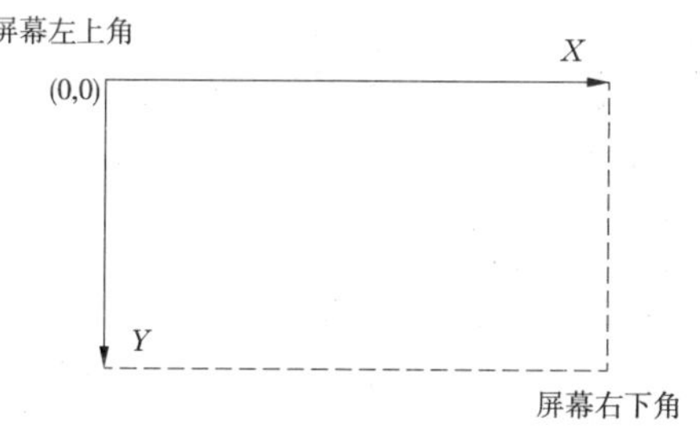

图1-3 屏幕坐标系

2. 地理坐标系

这里的地理坐标系是指大地坐标系,即用大地经纬度来表示空间点的位置。它是1:25万地图数据库中的坐标数据所采用的坐标系,也是需要记录绝对位置的地方所采用的坐标系，具有绝对性和唯一性。地理坐标系如图1-4所示。

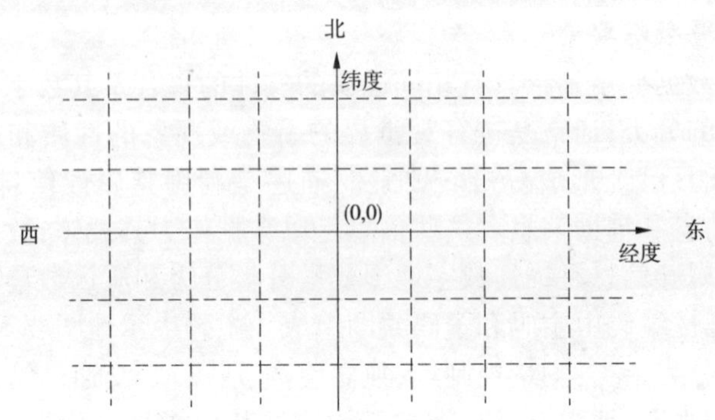

图1-4　地理坐标系

3. 高斯平面直角坐标系

根据我国的有关规定，1∶50万以上比例尺的地图均采用高斯－克吕格投影，也叫高斯投影。它是横切椭圆柱正形投影。它设想将一个椭圆柱横套在椭球的外面，并与某一子午线相切（称中央子午线），椭圆柱的中心轴通过椭球中心。将中央子午线两侧一经差（例如3°、1.5′）范围内的椭球面上的元素，正形投影到椭圆柱面上，然后将椭圆柱面沿着通过两极的母线展开，即展成高斯投影平面。在此平面上，中央子午线与赤道的交点的投影为原点，中央子午线的投影为纵坐标（X）轴，赤道的投影为横坐标（Y）轴，这样便构成高斯平面直角坐标系（见图1-5）。

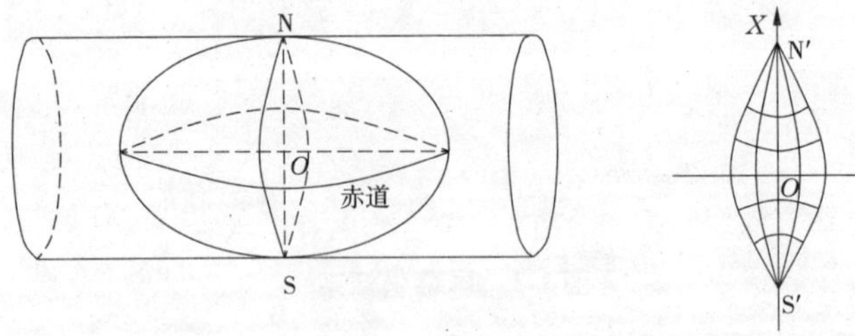

图1-5　高斯平面直角坐标

4. 地图坐标系

地图坐标系是地理坐标系与屏幕坐标系之间转换的桥梁，它有多种表示方法，根据表示方法的不同，又可分为以下两种：

(1)分图相对比例坐标系。它是以每幅电子地图的左下角为坐标原点，以水平方向为 X 轴，以垂直方向为 Y 轴建立的坐标系，坐标的最小值为(0.0,0.0)、最大值为(1.0,1.0)(详细解释参见 1.4.3.1 部分)。

(2)全图坐标系。它是以地球上的某点为坐标原点(本系统默认值设为北纬 36°、东经 108°)，X 轴水平向右，Y 轴垂直向上，单位为像素(详细解释参见 1.4.3.2 部分)。

1.4.2　关键技术

1.4.2.1　制图综合

1. 点状地物的综合

点状地物的综合，主要是指对居民地和海洋中水深注记点的综合，二者采取的方法基本相同。居民地的制图综合包括居民地的选取、居民地的平面图形向圈形符号转换、居民地平面图形化简等项内容。居民地的自动选取包括计算选取定额和实施结构选取两项工作。选取定额，即图上单位面积内的选取数量，应能满足图既清晰又详细的要求，系统内选取定额采取经验值，经多次试验后获得。对于居民地的结构选取而言，采用定额模型和按居民地等级选取组合模型，逐级累加选取。定额模型限定图上单位面积内的选取数量，居民地的等级在地图数据库中通过属性编码来区分。采用此法实施居民地的结构选取，对“必取等级”和“必舍等级”都是容易实现的，唯独难以实现的是从某个等级的居民地中选取一部分，而这必须辅之以一些特殊的算法，这里我们采取“虚拟浮动圆”法，它是以各待取点的定位点为“圆心”套上一个虚拟的圆，这种圆随待取点的定位点而浮动。正确选定虚拟浮动圆的半径是十分重要的，它实际上就是圆上两相邻居民地间的最小距离，根据试验，这个值在计算机屏幕上大概是 40 个像素左右。在实际应用中，我们变换了该算法，步骤如下：

(1)把图幅分成若干网格,数目随经验而定,如10×10。

(2)以第一行第一列开始,选择一个"种子点",这个"种子点"的选取还要考虑左、下相邻图幅的影响。

(3)判别本格内各待选点与左、左下、下、右下四个格内各已选点是否落入"浮动圆"内,亦即计算待选点与各已选点之间的距离是否小于"浮动圆"半径。只要发现有一个待选点落入,就表明待选点与已选点靠得太近,不宜选取,从而将"浮动圆"移至另一个待选点。

(4)本格选完后,转到下一网格进行,直至全部网格选取完。

2.线状地物的综合

在早期的GIS中,矢量地图显示没有做制图综合,所以当地图以小比例尺显示时,速度既慢,图面效果又差,等高线甚至变成了粗锯齿状,因此必须采取综合技术。在众多的曲线化简算法中,究竟哪一种算法速度又快、效果又好呢?经过比较,我们采用了Douglas－Peucker算法,它是整体化简算法,在化简的过程中完整地考虑了整条线划。该算法的基本思路是:将线划上的第一点作为固定点,最后一点作为浮动点,这两点确定一条直线。计算线划上所有中间点到直线的距离,将其中距离最大者与事先给定的阈值进行比较,如果最大距离小于给定的阈值,则所有中间点均舍去;若最大距离大于给定的阈值,那么线划上具有最大距离的点成为新的浮动点。事实证明,该算法对综合等高线、道路等线状要素压缩比高,效果又好。

1.4.2.2 数据拓扑重建

1.面的追踪

在库数据中,图元之间的拓扑关系主要是弧段与多边形的关系,每条弧段都有左、右多边形面号,但是在相应的面记录中,却没有相应的弧段信息,而我们在显示一个多边形时,却需要组成多边形的诸弧段的坐标数据。为了不造成数据冗余,每个多边形的新记录包含的只是弧段号和方向标记,多边形的最后一个弧段标为+2或－2。如图1-6所示,面①由弧段1(1)、2(－1)、3(－2)组成;面②由弧段4(－1)、5(1)、6(－1)、2(2)组成。其中,正号表示弧段方向为顺时针方向,负号表示弧段方向为逆时针方向。

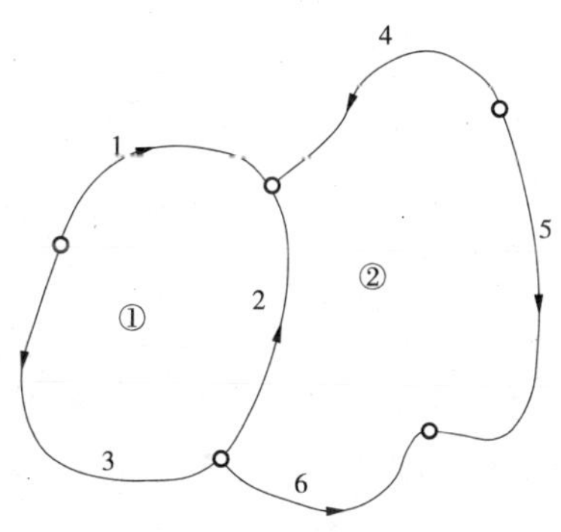

图 1-6　面的追踪

另外，还要考虑"岛"的特殊情况，一个多边形记录可能包括多个子多边形，每个子多边形的最后一个弧段要标为 +2 或 -2。图 1-7 中面①由弧段 1(1)、2(-1)、3(-2)、4(2)、5(1)、6(2)组成。

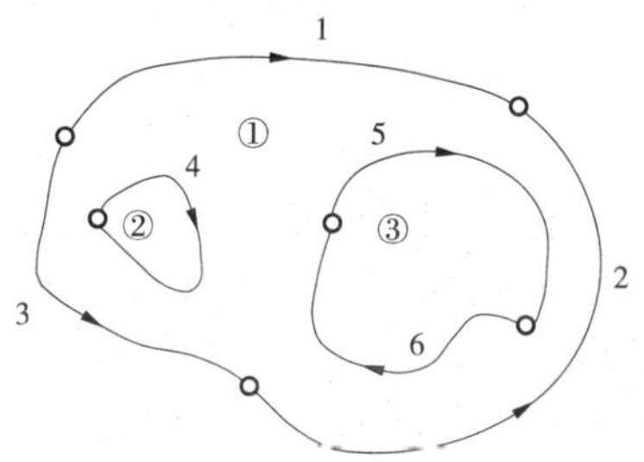

图 1-7　考虑岛的多边形的拓扑关系构建

2. 道路的拓扑重建

矢量地图数据采集的最初目的主要是针对制图的，虽然也考虑了分析用途，但很有限，道路网就是一个例子。道路经过居民地时，虽然有些图幅数字化添上了内部道路(街道)，但大部分道路在此处都是断的，成了"断头路"，这给最佳路径的查询构成了严重的障碍，因此有必要把这些"断头路"接起来，这也是一般商业 GIS 软件必备的数据维护功能(如 ArcInfo 的 Cline 功能)。这里采取的算法是：找出所有的"悬挂点"，即道路节点只被链段使用过一次的节点；然后对这些待匹配点逐个与别的"悬挂点"和其他道路节点进行匹配,如果两点之间的距离小于阀值,两点之间建一新链,这两点就变成了"非悬挂点"。

在实际应用中,还要考虑一些特殊情况,如要防止道路的"自连接"(即连到另一端点)、折回头连接(角度大于 90°);要考虑十字路口、三叉路口的特殊连接算法(本系统采取二级匹配法:即一个"悬挂点"第一次匹配后,它还只能算是"准非悬挂点",至少匹配两次才行,但是到最后,这些所有的匹配后的点实际上都已成为整个道路网上的一个有效节点了);考虑到相邻图幅道路的拼接,对图幅边缘的"悬挂点"要采取更严格的匹配措施,距离阀值要小一些,以尽量保持这些点的"悬挂"特点,以备将来图幅拼接时用。

1.4.3 地图显示

1.4.3.1 单幅地图的显示

坐标系的变换是数字地图的重要特征,它主要涉及地图投影、投影间变换、数据库坐标与显示坐标的变换等。地图数据在不同阶段的表现决定了它们必然采用不同的坐标系和不同的单位。例如:每幅 1:25万地图数据存储时,是以该图左下角为坐标原点,采用地理坐标系,以 1/4 秒为一个单位;而 1:5万数据则采用高斯平面直角坐标系,以米为一个单位。但这两种数据显示时,都要转化为屏幕坐标系,以像素为一个单位。因此,地图的显示,实际上就是数据从一种坐标系变换到另一种坐标系,一种单位变换到另一种单位的过程。

1. 地图原始坐标

地图原始坐标表面上是一个相对坐标,它的坐标原点在每幅地图的左下角,为防止坐标出现负值,有时人为地再向左下方向偏移一定的单位。如 1:5万数据为 1 000 m,也就是说,每个点坐标多加了 1 000 m。但是数据保存时,一般还带着图号信息,而从图号上又可以推算出每幅图左下角的绝对地理坐标。因此,原始坐标实际上是绝对坐标,只不过它的"绝对" 信息隐藏在图号中。

2. 地图相对比例坐标

为了使地图的显示和地图上的分析二者所用的数据统一起来,也为了使用上的方便，一般情况下，还需要一个用户自定义坐标系。这里，我们采用了相对比例坐标系。所谓相对比例坐标系，是指以地图左下角为坐标原点(0,0)，以右上角为(100%,100%)，图中点的坐标以它在地图中的相对位置来表示的一种“万能型”坐标系。这种坐标系，X、Y 坐标不成比例，如(50%,50%)的位置可能是(11 000 m,7 500 m)，但这样一个位置，可以代表屏幕上地图显示范围的中心，还可以代表它的 DEM 数据场的中心，甚至可以是它的三维地形图的中心。

3. 坐标转换

我国地图的分幅是以地理坐标系为基础的。因此，第一步，不论原始数据采用什么坐标系，都要先转换到地理坐标系，采用高斯平面直角坐标的大比例尺地图需要进行反投影变换；第二步，计算出每幅图的长、宽(地理坐标，如 1∶25 万地图水平 3°，上下 1.5°)，然后，以点与图幅左下角的差值除以整幅图的长度，计算出相对坐标(fX,fY)；第三步，根据设定的地图比例尺，虚拟一个显示地图，显示窗口的客户区是该虚拟图上的一个视口(大小为 $nWidthClient$,$nHeightClient$)。地图显示时，计算出该视口与虚拟地图左上角相对偏移量($nXoffset$,$nYoffset$)与每幅图的显示长宽($nWidthMap$,$nHeightMap$)(见图 1-8)，地图上任一点(fX,fY)在屏幕上的像素坐标($nXpixel$,$nYpixel$)即可用下面的公式得到：

$$nXpixel = fX * nWidthMap - nXoffset$$

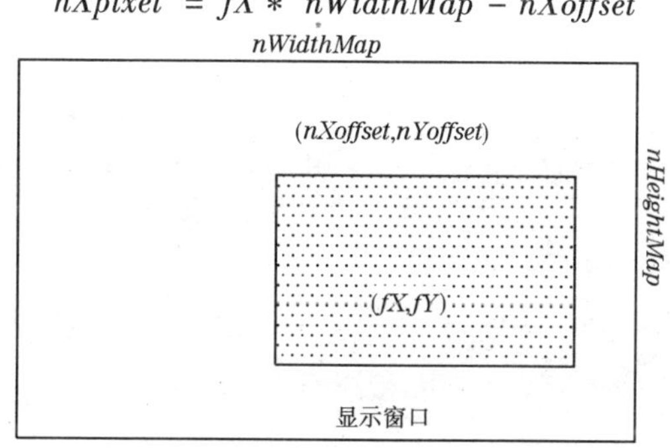

图 1-8　虚拟地图中单幅图与视口

$$nYpixel = (1.0 - fY) * nHeightMap - nYoffset$$

1.4.3.2 海量数据地图的显示

在数字地图的实际应用中,一般很少出现只使用单幅地图的情况,除非用图区域恰好在一幅图之内。而实际情况经常是,人们常常把几幅或几十幅图拼接在一起显示,作为作业的背景图。把几十甚至几百幅图(10多GB的数据量),无缝地、动态地、高速地、美观地拼接在一起实时显示出来,涉及的技术问题很多。很多在显示单幅图时不明显的问题,这时会变得很严重,如内存容量、显示时间、显示效果等。主要的关键技术如下。

1.地图的无缝拼接

要实现地图的无缝拼接显示,核心的问题是建立一个统一的坐标系,全国甚至全球的地图都在这个坐标系下进行坐标换算。这里,我们采用了一种伪地理坐标系,原点在北纬36°、东经108°,大概位于我国的中心位置;投影方式采用线性映射的方式,即地图相对比例坐标乘以地图在某一比例尺下屏幕上的实际长宽。计算某点在屏幕上的像素坐标可由下面的程序得到:

```
// 根据比例尺获得当前大图坐标、
BOOL CDisMapBase::GetBigMapXY_FromGeoLB_Base(long lGeoL,longl GeoB,float
fScale,
long& nXoffBmp,long& nYoffBmp)
{
if(fScale < =0.0f)return FALSE;
CSize size(1,1);
CWindowDC wdc(AfxGetMainWnd() - > GetDesktopWindow( ));
wdc.LPtoHIMETRIC(&size);
int nImgWidth100 =
int( nLenGaosiY100_Static_Global * 1000.0/(fScale * 10000)/(0.01 * size.cx) *
m_fAdjust_ScreenDeviceKind ) / 24 * 24;
int nImgHeight100 =
int( nLenGaosiX100_Static_Global * 1000.0/(fScale * 10000)/(0.01 * size.cy) *
m_fAdjust_ScreenDeviceKind )/24 * 24;
```

```
double dLogUnitEachCentSecondL = 1.0 * nImgWidth100/( 6.0 * 360000 );
double dLogUnitEachCentSecondB = 1.0 * nImgHeight100/( 4.0 * 360000 );
nXoffBmp = long( dLogUnitEachCentSecondL * (lGeoL - m_lGeoLoriginal) );
nYoffBmp = long( - dLogUnitEachCentSecondB * (lGeoB - m_lGeoBoriginal) );
return TRUE;
}
```

2.“分块显示”算法

在传统的地图显示中，显示地图一般是按图元逐个要素地显示，这种方法没有对图元进行选择，所以更新显示必须对所有数据完全处理一遍，而且不论地图比例尺如何、显示的范围大小如何。屏幕上只进行局部小范围的更新显示，就如此大动干戈的方法，时间上的耗费是惊人的。这种方法对于有大量地图数据的本系统，漫游、放大、缩小等特殊显示功能实现起来就非常困难了。对于地图的局部显示，“分块显示”算法可以节省大量的时间。

1)“分块显示”算法简介

第一，把整个图幅分成若干块，比如 100×100 或 64×64，地图的显示速度跟块数有关，数目的大小分配与图幅的地形要素特征有关，为了统一起见，依据经验值分为 64×64 块。

第二，把该图幅的每一个图元根据坐标按照所属的块对号入座，一个图元可能要跨好多个块。一个图元分块有两种方法：一种是物理分法，实实在在地把一个记录分成若干个记录，每个子记录都是一个独立的新图元，这种分法的优点是简单，但缺点也很明显，把一个完整的图元割裂开，这样的数据其他模块就没法再用了；另一种是逻辑分法，只建立系列索引（系列指向子图元在文件中位置的指针），而这些图元还保持原来的完整状态不变，图元原来的一些信息（包括拓扑关系）都没有被破坏。

第三，显示的时候有两种情况：第一种情况是当需要显示所有数据的时候，显示方法同传统方法类似，索引文件可以不用；第二种情况是只需要显示局部数据时，则要找出相应区域的“块”，在这些“块”的索引文件中，再找出具体图元数据在文件中的位置，读起来显示即可。

2)“分块”的文件结构与矢量地图显示

处理后的数据类型共有以下四类:

第一、二类文件是属性、坐标数据文件。格式是:要素名(DGX). Att(属性)、要素名(DGX). Lib(坐标),内容基本上同原始库的 *. sx, *. zb(属性、坐标文件),只不过做了上述的一些处理(拓扑追踪、综合、修补道路网等),储存形式也由 ASCII 码变成二进制(这样可以大大加快读取速度)。属性文件中每个图元的属性信息中,都有指向该记录坐标数据在坐标文件中的指针,而坐标文件中的该图元记录除坐标数据外,也有指向其在属性文件中位置的指针,这样就保证了每个图元的属性,也方便互相读取坐标数据。

第三类文件是块信息文件。格式是:要素名. BLK,文件中按顺序旋转每个块的每个图元指向属性文件的指针。

第四类文件是块索引文件。格式是:要素名. Idx. 它是专为加速读取块信息文件而设计的,由于块信息文件中每个块的信息跟该块包含的图元数目有关,不定长,所以不能遍历查找,块索引文件包含的就是每个块在块信息文件中起始位置的文件指针。

当进行局部显示时,第一步,确定要显示的块,然后从块索引文件中查到这些块在块信息文件中的位置;第二步,从块信息文件中查找每个块中的每个图元的整体或局部在属性文件中的位置,再进行属性信息和坐标信息的组合,然后根据图元的特点进行相应的显示。漫游、放大、缩小等特殊显示方式的重点也就是确定当前要显示的块,确定比例尺,其他同上。

地图中的要素共有 13 种,但常见的要素也就是水系、植被、等高线、道路、居民地、地名等几种,而这几种要素的显示顺序一般也是有规定的,考虑到海洋和岛屿的影响,我们把海洋从水系层中提取出来,作为第一层单独显示,后面的顺序同上。

1.4.3.3 多分辨率地图的混合显示与单独显示

多分辨率地图的混合显示,是指不同种类的地图数据源在各自对应的显示比例尺下,根据需要,被单独或混合调用显示,以满足各种显示比例尺下对地图显示精度的不同需求。

所谓单独显示，是指在某一显示比例尺下，显示机制调用的是同一种数据，要么全是 1∶5万数据，要么全是 1∶25 万数据，或是其他数据。这是比较常见的一种情况，其中的关键技术在于要确定各种数据合适的显示界限，比如：地图显示在小于 1∶80 万时，调用 1∶100 万数据；地图显示小于 1∶15 万时，调用 1∶25 万数据；地图显示小于 1∶3万时，调用 1∶5万数据；地图显示大于 1∶3万时，调用 1∶2.5 万数据，等等。

所谓混合显示，是指在某一显示比例尺下，根据需要，显示机制尽可能调用比较合适的数据，有可能多种数据同时显示。混合显示有以下三个步骤：

(1)确定多种数据的“合适度”，即调用顺序。例如，地图显示在 1∶6万时，数据调用顺序可依次设为 1∶5万、1∶2.5 万、1∶25 万、1∶100 万等，即最先使用 5 万数据，如果没有，则直接调用下一级数据。

(2)混合显示定在地图要素层次上。

(3)通过控制待显示区域，实现多数据的互补显示。显示之前，先设定一个大小等于显示区域的待显示区域，然后对数据调用列表进行遍历；在显示一个级别数据时，如果不成功，对待显示区域不作任何修改，否则从待显示区域中减去当前地图的显示区域。显示完当前级别后，判断待显示区域是否为空，是则跳出循环，执行下一个地图要素；否则进行下一个级别的数据显示。

1.4.3.4　图像与矢量地图的镶嵌

图像(包括扫描地图和遥感图像)，都是 GIS 的主要数据来源之一，也是广义的数字地图种类之一。有效地利用图像数据，是解决当前矢量数据缺乏问题的主要手段。假如我们现在只有郑州市的 1∶25 万矢量地图，当显示市区时，数据就显得比较粗糙，显示的单位往往是大的街区；如果我们有郑州市大比例尺(比如 1∶5万)卫片，就可以把它叠加在矢量地图上；再进一步放大显示郑州市某个单位，如有可能，则可以用更大比例尺的航片叠加其上，以体现“愈近愈详细、愈近愈清晰”的实际观察效果。

1.4.3.5　地图的打印与输出

绘图仪的幅面和内存是有限的，使用常规的方式输出大幅面的地图几乎不可能。系统在地图海量数据管理和地图动态拼接技术的基础上，采用分块和分批输出的技术，实现了大幅面地图的输出。分块技术主要解决绘图仪幅面受限问题，分批技术主要解决绘图仪内存受限问题。

1. 分块打印技术

分块的基本思路：地图输出除图形外，还包括边框、题头和尾注等，为了保证实际出图的块大小一致，还应包括虚拟的页边空白（见图 1-9）。将地图的图形、边框、题头、尾注和虚拟的页边空白纳入分块的计算范围；Windows 操作系统的打印机支持多页输出，转换一下概念，地图的"块"相当于"页"，将 CPrintInfo 中的最大页数设为地图的块数。在块输出中，动态计算原始地图块的实际范围和在打印纸上的范围，调整地图块的相关打印参数，当然，这非常烦琐。

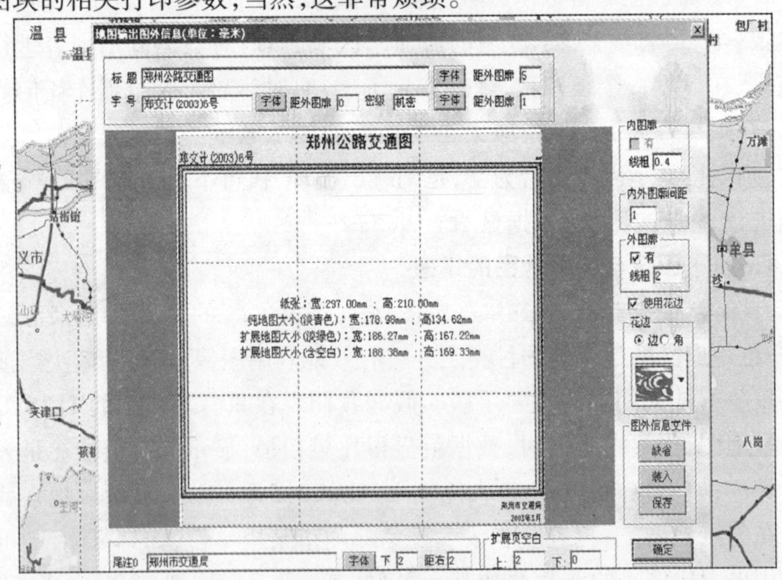

图 1-9　地图的分块打印

打印处理模块程序如下：

```
BOOL OnPreparePrinting( CPrintInfo * pInfo, CDC& dc )
{ …..
//设置打印的基本参数
SetPrintPar( TRUE,m_ExportPar. m_nCurPrinterDPI) ;
//设置打印页的数量
pInfo - > SetMaxPage( m_numRowsPrn * m_numColumsPrn ) ;
….. }
void OnBeginPrinting( CDC  * pDC, CPrintInfo  * pInfo)
{ …..
//设置地图整体输出的部分参数
SetPrintGlobalPar( pDC ) ;
SetGlobalExportMapParameter( ) ;
…… }
void OnPrint( CDC  * pDC, CPrintInfo  * pInfo)
{ ……
//计算每个打印块的原始范围和相关参数
SetBlockExportParStruct( ) ;
//输出地图块及图外信息
ExportBmp( pDC,m_ExportPar_Local) ;
…… }
```

2. 分批打印技术

系统采用 VC + + 进行开发，尽管 VC + + 非常灵活，但对打印的封装满足不了分批自动打印输出的要求。基于此，模仿 VC + + MFC 对打印的封装机制，系统从 Windows 的底层，对打印进行重新封装，从而可以有效地控制打印任务的发送。

分批打印模块程序如下：

```
//打印的主体函数
void Print( BOOL bPreView )
{ ……
for( int i =1 ; i < =m_nCountPrintDoc; i + + ) // m_nCountPrintDoc 打印的批数
```

```
{ ……
BOOL bPrintingOK = dc.StartDoc(&di);//开始一个打印任务
OnBeginPrinting(&dc, &Info);          //开始打印
// 分页打印
for (UINT page = Info.GetMinPage(); page <= Info.GetMaxPage(); page++)
{ ……
if( (page-1)%m_nCountPrintDoc != UINT(i-1) ) continue;
dc.StartPage() ;        //开始打印一块
……
dc.EndPage();          //结束一块打印
}
……
}
……
}
```

1.5　统计查询

本系统提供了和外部大型数据库如 ORACLE、SQL - SERVER2000、SYBASE 的接口，同时也提供了和桌面数据库系统 Access、FoxPro 的接口，实现对公路交通信息和多媒体信息的管理。

目前，本系统管理的公路数据库信息为交通部 2001 年公路普查数据，其数据库管理系统为 Access 数据库。

多媒体文件，包括文字、图片、声音、录像和小型数据库，存放在本地。

1.5.1　数据库设计

1.5.1.1　数据库设计的原则

在进行数据库设计时，需要分析数据，根据建立系统的信息模型进行数据库的设计。数据库及数据表结构是系统功能赖以生存的基础。只有建立合理稳定的数据库结构，才能保证系统的信息集成与共享，并

消除信息冗余、不完整和不一致的隐患。同时,可使系统具备易维护、易扩充的特性。在进行数据库设计时,应遵循以下原则。

1. 数据一致性

系统涉及公路交通的各个方面,涉及多个物理数据库,并且数据种类繁多、数据量较大、数据之间的联系紧密,因此在进行数据库设计时要考虑到数据的一致性。为此,数据要在唯一入口录入,以避免重复录入,保证数据完整性和一致性。

2. 可扩充性

系统要求有灵活的数据库结构,以适应以后发展和变化的需求。所以,数据库设计在满足当前需求的同时,必须适应整个系统继续进一步开发、扩充的需求。

3. 与地理信息系统的有机结合

实现数据库与图形库的高效连接与互访。

4. 结构合理,尽量减少冗余

数据库的设计要尽量符合第三范式,结构合理,尽量减少冗余。但考虑到关联和系统效率的需要,在个别表设计时可能要多少留有一定的冗余量。

5. 有可靠的安全性能

依据数据库管理系统的安全机制,采用身份认证技术保证系统的安全保密性。为了方便系统管理员为系统的使用人员设置使用权限,引入了“角色”概念,根据工作需要将系统的使用人员分成若干类“角色”,并对各个“角色”定义基本的使用权限。

6. 数据备份与恢复

建立积极稳妥的数据备份与恢复机制,是保障数据安全性的关键措施。

1.5.1.2　数据库编码的规则

公路普查数据库包括公路普查线路情况表、桥梁登记表、隧道情况登记表、线路代码库等。

对于线路,其基本的数据单元为线路的路段,路段的设置是在公路普查时依据一定的规则设置的。路段编码规则为线路代码 + 行政区划代码+路段编号。如G107郑新交界双洎河大桥段的编码为G107410184001,即线路代码(G107)+行政区划代码(410184)+路段编号(001)。

对于桥梁,桥梁名称为主码,其编码规则为线路代码+行政区划代码+桥梁编号。如郑州市G030高速公路上十八里河大桥的编码为G030410104001,即线路代码(G030)+行政区划代码(410104)+桥梁编号(001)。

对于隧道,隧道名称为主码,其编码规则为线路代码+行政区划代码+隧道编号。如位于G045高速公路巩义境内的康店隧道的编码为G045410181004,即线路代码(G045)+行政区划代码(410181)+隧道编号(004)。

1.5.1.3 数据库库表结构

公路普查数据库管理系统的数据库结构的设计严格按照交通部的统一要求,具有统一的规范和标准。公路普查的数据字典中反映了这一结构设计(见表1-1)。

表1-1 数据库库表结构

表名	字段代码	字段名称	字段类型	字段大小
公路普查路段登记表	A0100001	路线编号	固定长度字符串	11
公路普查路段登记表	A0100002	路线名称	固定长度字符串	30
公路普查路段登记表	A0100003	行政区划代码	固定长度字符串	6
公路普查路段登记表	A0100004	路段编号	固定长度字符串	14
公路普查路段登记表	A0100005	路段名称	固定长度字符串	30
公路普查路段登记表	A0100006	起点桩号	单精度型	
公路普查路段登记表	A0100007	起点名称	固定长度字符串	30
公路普查路段登记表	A0100008	终点桩号	单精度型	
公路普查路段登记表	A0100009	终点名称	固定长度字符串	30

续表 1-1

表名	字段代码	字段名称	字段类型	字段大小
公路普查路段登记表	A0100010	断链值	单精度型	
公路普查路段登记表	A0100011	路段长度	单精度型	
公路普查路段登记表	A0100012	管养单位	固定长度字符串	30
公路普查路段登记表	A0100013	是否重复路段	布尔型	
公路普查路段登记表	A0100014	是否断头路路段	布尔型	
公路普查路段登记表	A0100015	是否穿越城市	布尔型	
公路普查路段登记表	A0100016	路基宽度	单精度型	
公路普查路段登记表	A0100017	路面宽度	单精度型	
公路普查路段登记表	A0100018	路面等级	固定长度字符串	10
公路普查路段登记表	A0100019	面层类型	固定长度字符串	30
公路普查路段登记表	A0100020	技术等级	固定长度字符串	10
公路普查路段登记表	A0100021	车道数	固定长度字符串	8
公路普查路段登记表	A0100022	最大纵坡	单精度型	
公路普查路段登记表	A0100023	最小平曲线半径	单精度型	
公路普查路段登记表	A0100024	养护里程	单精度型	
公路普查路段登记表	A0100025	已绿化里程	单精度型	
公路普查路段登记表	A0100026	晴雨通车里程	单精度型	
公路普查路段登记表	A0100027	涵洞	长整型	
公路普查路段登记表	A0100028	省	固定长度字符串	30
公路普查路段登记表	A0100029	市	固定长度字符串	30
公路普查路段登记表	A0100030	县	固定长度字符串	30
公路普查路段登记表	A0100031	乡	固定长度字符串	30

续表 1-1

表名	字段代码	字段名称	字段类型	字段大小
公路普查路段登记表	A0100032	备注	固定长度字符串	255
公路普查路段登记表	A0100033	登记单位名称	固定长度字符串	50
公路普查路段登记表	A0100034	负责人	固定长度字符串	20
公路普查路段登记表	A0100035	填表人	固定长度字符串	20
公路普查路段登记表	A0100036	录入员	固定长度字符串	20
公路普查桥梁登记表	A0200000	所属路段编号	固定长度字符串	14
公路普查桥梁登记表	A0200001	桥梁名称	固定长度字符串	30
公路普查桥梁登记表	A0200002	所跨河流或线路名称	固定长度字符串	30
公路普查桥梁登记表	A0200003	中心桩号	单精度型	
公路普查桥梁登记表	A0200004	桥梁长度	单精度型	
公路普查桥梁登记表	A0200005	技术状态	固定长度字符串	16
公路普查桥梁登记表	A0200006	是否危桥	布尔型	
公路普查桥梁登记表	A0200007	是否立交	布尔型	
公路普查桥梁登记表	A0200008	立交类型	固定长度字符串	20
公路普查桥梁登记表	A0200009	建成投产年月	固定长度字符串	10
公路普查桥梁登记表	A0200010	设计洪水频率	整型	
公路普查桥梁登记表	A0200011	按使用年限分	固定长度字符串	20
公路普查桥梁登记表	A0200012	上部结构与式样	固定长度字符串	26
公路普查桥梁登记表	A0200013	下部结构与式样	固定长度字符串	26
公路普查桥梁登记表	A0200014	孔数	整型	
公路普查桥梁登记表	A0200015	跨径总长	单精度型	
公路普查桥梁登记表	A0200016	最大跨径	单精度型	
公路普查桥梁登记表	A0200017	设计荷载	固定长度字符串	20

续表 1-1

表名	字段代码	字段名称	字段类型	字段大小
公路普查桥梁登记表	A0200018	净空高	单精度型	
公路普查桥梁登记表	A0200019	桥面宽	单精度型	
公路普查桥梁登记表	A0200020	行车道宽	单精度型	
公路普查桥梁登记表	A0200021	备注	固定长度字符串	255
公路普查桥梁登记表	A0200022	登记单位名称	固定长度字符串	50
公路普查桥梁登记表	A0200023	负责人	固定长度字符串	20
公路普查桥梁登记表	A0200024	填表人	固定长度字符串	20
公路普查桥梁登记表	A0200025	录入员	固定长度字符串	20
公路普查桥梁登记表	A0200026	是否重复	布尔型	
公路普查隧道登记表	A0300000	所属路段编号	固定长度字符串	14
公路普查隧道登记表	A0300001	隧道名称	固定长度字符串	30
公路普查隧道登记表	A0300002	隧道长度	单精度型	
公路普查隧道登记表	A0300003	隧道全宽	单精度型	
公路普查隧道登记表	A0300004	行车道宽	单精度型	
公路普查隧道登记表	A0300005	隧道净高	单精度型	
公路普查隧道登记表	A0300006	中心桩号	单精度型	
公路普查隧道登记表	A0300007	备注	固定长度字符串	255
公路普查隧道登记表	A0300008	登记单位名称	固定长度字符串	50
公路普查隧道登记表	A0300009	负责人	固定长度字符串	20
公路普查隧道登记表	A0300010	填表人	固定长度字符串	20
公路普查隧道登记表	A0300011	录入员	固定长度字符串	20
公路普查隧道登记表	A0300012	是否重复	布尔型	
公路普查渡口登记表	A0400000	所属路段编号	固定长度字符串	14

续表 1-1

表名	字段代码	字段名称	字段类型	字段大小
公路普查渡口登记表	A0400001	渡口名称	固定长度字符串	20
公路普查渡口登记表	A0400002	河流名称	固定长度字符串	50
公路普查渡口登记表	A0400003	渡口宽度	单精度型	
公路普查渡口登记表	A0400004	起点桩号	单精度型	
公路普查渡口登记表	A0400005	是否机动渡口	布尔型	
公路普查渡口登记表	A0400006	备注	固定长度字符串	255
公路普查渡口登记表	A0400007	登记单位名称	固定长度字符串	50
公路普查渡口登记表	A0400008	负责人	固定长度字符串	20
公路普查渡口登记表	A0400009	填表人	固定长度字符串	20
公路普查渡口登记表	A0400010	录入员	固定长度字符串	20
公路普查渡口登记表	A0400011	是否重复	布尔型	
村道基本情况汇总表	A0500000	汇总单位名称	固定长度字符串	50
村道基本情况汇总表	A0500001	行政区划代码	固定长度字符串	6
村道基本情况汇总表	A0500002	村道里程总计	单精度型	
村道基本情况汇总表	A0500003	等级公路里程	单精度型	
村道基本情况汇总表	A0500004	高速公路里程	单精度型	
村道基本情况汇总表	A0500005	一级公路里程	单精度型	
村道基本情况汇总表	A0500006	二级公路里程	单精度型	
村道基本情况汇总表	A0500007	三级公路里程	单精度型	
村道基本情况汇总表	A0500008	四级公路里程	单精度型	
村道基本情况汇总表	A0500009	等外公路里程	单精度型	
村道基本情况汇总表	A0500010	有路面里程	单精度型	
村道基本情况汇总表	A0500011	高级路面里程	单精度型	

续表 1-1

表名	字段代码	字段名称	字段类型	字段大小
村道基本情况汇总表	A0500012	水泥路面里程	单精度型	
村道基本情况汇总表	A0500013	次高级路面里程	单精度型	
村道基本情况汇总表	A0500014	中级路面里程	单精度型	
村道基本情况汇总表	A0500015	低级路面里程	单精度型	
村道基本情况汇总表	A0500016	无路面里程	单精度型	
村道基本情况汇总表	A0500017	负责人	固定长度字符串	20
村道基本情况汇总表	A0500018	填表人	固定长度字符串	20
村道基本情况汇总表	A0500019	填表日期	日期型	
通达情况	A0600000	登记单位名称	固定长度字符串	50
通达情况	A0600001	行政区划代码	固定长度字符串	6
通达情况	A0600002	乡镇总数	长整型	
通达情况	A0600003	行政村总数	长整型	
通达情况	A0600004	通公路的乡镇	长整型	
通达情况	A0600005	通公路的行政村	长整型	
通达情况	A0600006	通等级公路的乡镇	长整型	
通达情况	A0600007	通等级公路的行政村	长整型	
通达情况	A0600008	通等外公路的乡镇	长整型	
通达情况	A0600009	通等外公路的行政村	长整型	
通达情况	A0600010	不通公路的乡镇	长整型	
通达情况	A0600011	不通公路的行政村	长整型	
通达情况	A0600012	不宜通公路的乡镇	长整型	

续表 1-1

表名	字段代码	字段名称	字段类型	字段大小
通达情况	A0600013	不宜通公路的行政村	长整型	
通达情况	A0600014	岛屿的乡镇	长整型	
通达情况	A0600015	岛屿的行政村	长整型	
通达情况	A0600016	负责人	固定长度字符串	20
通达情况	A0600017	填表人	固定长度字符串	20
通达情况	A0600018	填表日期	日期型	

1.5.2　公路交通信息的查询与统计

公路交通信息的查询与统计是本系统的基本功能之一,系统设置的查询与统计主要是通过图导向和属性数据访问两种方式进行的。

1.5.2.1　图导向方式

地图数据是分层存放的,对地图数据的查询一般是对某一层的查询,在本系统中,查询与统计针对的图层是线路(公路网)、桥梁、隧道(图形)。查询统计可以采用鼠标点击、区域查询等方式。标准数据将地理实体抽象为点、线、面,并赋予点、线、面一定的编码属性,如主码、识别码、描述码和参数码等,使点、线、面可以表示客观存在的地理实体。

下面以桥梁为例,对定制查询的设计进行说明(见图 1-10)。

(1)查询要素名:桥梁(查询中提供给用户的地图数据查询类别名)。

(2)地图要素:dl(桥梁属于系统中的 dl 层,dl 对开发人员可见,但对用户不可见)。

(3)要素匹配码:400 ~ 410,即桥梁的识别码,桥梁在地理数据类型中包括点和线。

(4)匹配码:对桥梁按参数码进行分类。

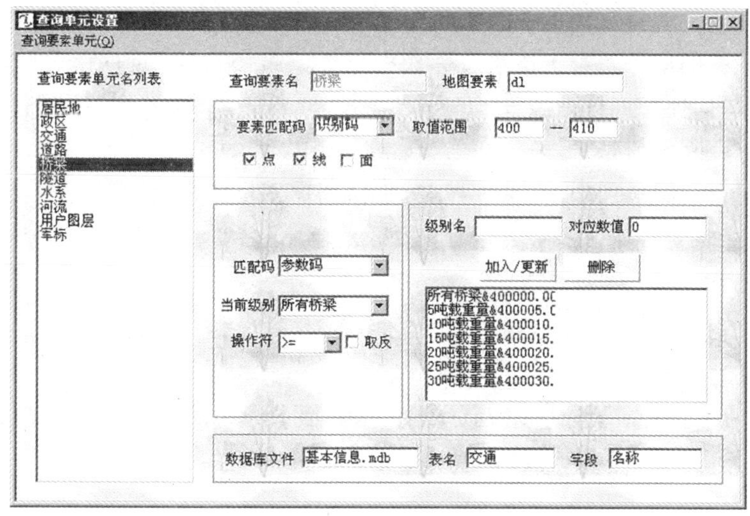

图 1-10　定制桥梁要素的查询

数据分块的思想大大加快了查询速度。图导向方式查询如图 1-11 所示,欲查询点 P,根据屏幕坐标点 P,可计算出在全图上的坐标,再根据全图的大小及分图的行列数,可计算出点 P 所在的图号(如

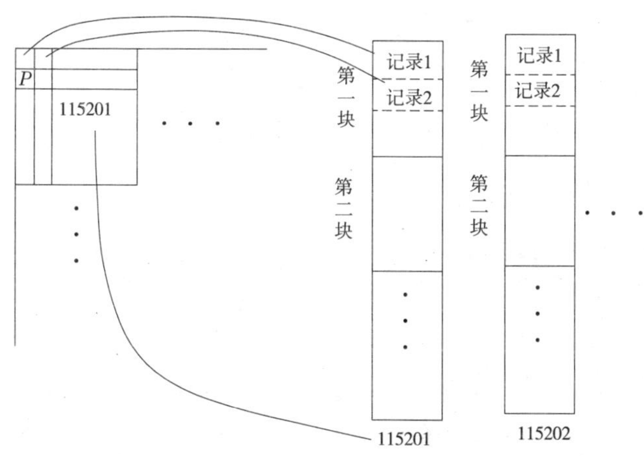

图 1-11　图导向方式查询

115201),并计算出在分图中的坐标,根据每幅的分块数又可计算出在该图中的块号。对于该块及邻块中每个记录(点、线、面)分别进行判断,以捕捉查询目标。

1. 点的捕捉

设判断点为 $P_1, P_2, \cdots, P_n$,它们距离点 P 的距离分别为

$$d_i = \sqrt{(p \cdot x - p_i \cdot x)^2 + (p \cdot y - p_i \cdot y)^2} \quad (i = 1,2,3,\cdots,n) \tag{1-1}$$

取其最小值 $\min P = \min(d_i)$。

2. 线的捕捉

设待判断的线为 $L_1, L_2, \cdots, L_n$,点 P 到各条线的距离分别为 $d_i(i = 1,2,3,\cdots,n)$(见图 1-12),取其最小值 $\min L = \min(d_i)$,点 P 到每条线的距离计算如下:

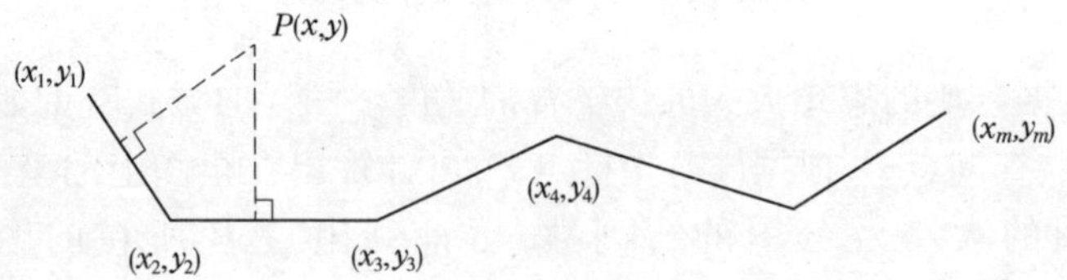

图 1-12 线捕捉

设线上的各点为 $(x_1,y_1),(x_2,y_2),\cdots,(x_m,y_m)$

点 P 到该线的距离 d 为点 P 到各线段 $(x_1,y_1)-(x_2,y_2),(x_2,y_2)-(x_3,y_3),\cdots$ 的距离 d_i 的最小值。

$$d = \min(d_i) \quad (i = 1,\cdots,m-1)$$

$$d_i = \frac{|(x - x_i)(y_{i+1} - y_i) - (y - y_i)(x_{i+1} - x_i)|}{\sqrt{(x_{i+1} - x_i)^2 + (y_{i+1} - y_i)^2}} \tag{1-2}$$

3. 面的捕捉

面的捕捉实际上就是判断点是否在多边形内,若在多边形内,则说明捕捉到了。判断点是否在多边形内的算法主要有垂线法和转角法,这里主要介绍垂线法。垂线法的基本思想是过点 P 向下作垂线(实际上可以是任意方向线),计算与多边形的交点个数,若交点个数为奇

数,则说明该点在多边形内;若交点个数为偶数,则说明该点在多边形外。同时,还要考虑点在多边形边上,以及垂线过多边形顶点等各种情况(见图 1-13)。为了加速搜索速度,可先找出该多边形的外切矩形,即由该多边形的最大、最小坐标值形成的矩形,若点 P 落在该矩形内,才有可能捕捉到该面;否则放弃对该多边形的进一步计算和判断,即不需作垂线并求交点个数的复杂运算,这样可以排除不可能捕捉的情况,减少运算量。

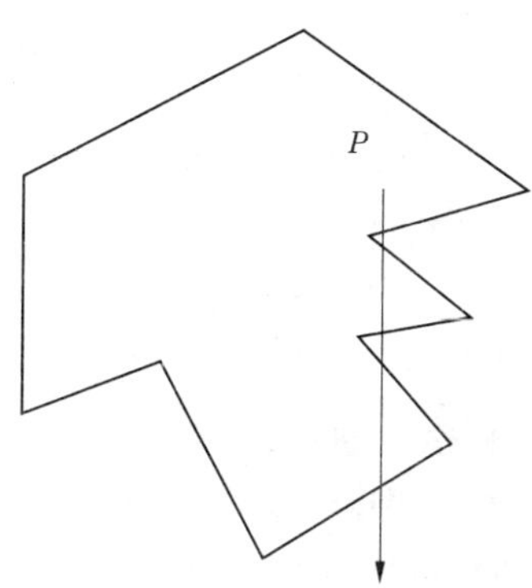

图 1-13　垂线法

在计算垂线与多边形的交点数时,并不需要每次都对每一线段进行交点坐标的具体计算。对不可能有交点的线段应通过简单的坐标比较迅速排除。对图 1-14 所示情况,多边形有 8 条边,而其中只有第 3、7 条

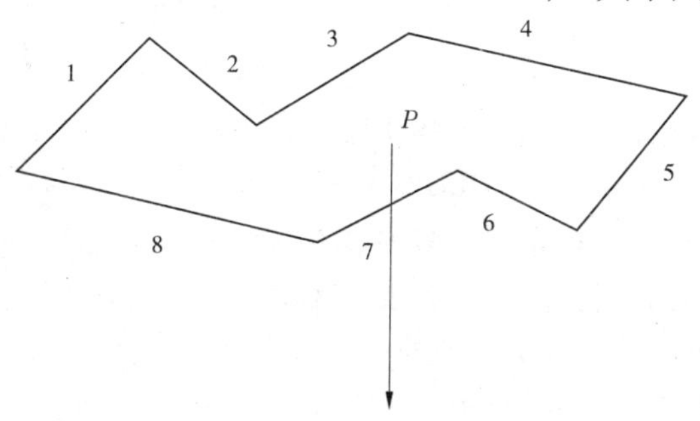

图 1-14　多边形查询

边可能与 3 所引的垂直方向的射线相交,即若直线段为$(x_1,y_1)(x_2,y_2)$,若 $x_1 \leqslant x \leqslant x_2$ 或 $x_2 \leqslant x \leqslant x_1$ 时,才有可能与垂线相交,这样就可不对 1、2、4、5、6、8 边进行继续的交点判断了。对于 3、7 边的情况,若 $y > y_1$ 且 $y > y_2$,必然与点 P 所作的垂线相交(如边 7);若$y < y_1$且 $y < y_2$,必然不与点 P 所作的垂线相交。这样就能判断出是否有交点了。对于 $y_1 \leqslant y \leqslant y_2$或 $y_2 \leqslant y \leqslant y_1$,且 $x_1 \leqslant x \leqslant x_2$ 或 $x_2 \leqslant x \leqslant x_1$ 时,可求出铅垂线与直线段的交点(x,y'),若 $y' < y$,则是交点;若 $y' > y$,则不是交点;若 $y' = y$,则交点在线上,即点 P 在多边形的边上。

1.5.2.2 属性数据访问

1. 对 Oracle、SQL - SERVER 2000 等大型数据库的访问

本模块已提供对大型数据库访问的接口。对 Oracle、SQL - SERVER 2000 服务器数据库访问有多种方式,ODBC、DAO、OLE DB、ADO 和 Oracle、SQL - SERVER 2000 提供的访问接口。Oracle、SQL - SERVER 2000 提供的访问接口直接与通信接口联系,但可移植性差,在异构数据库中就无移植性可言。ODBC、DAO、ADO 作为访问数据库的统一界面标准,是应用程序和数据库系统之间的中间件。它们通过使用相应应用平台和所需数据库对应的驱动程序与应用程序的交互来实现对数据库的操作,避免了在应用程序中直接调用与数据库相关的操作,从而提供了数据库的独立性。但是,从 ODBC 的实现机制看,应用程序需要通过几层才能与数据库通信接口建立联系,执行效率比较低。综合 ODBC、DAO、OLE DB、ADO 和 Oracle 提供的访问接口,系统采用 Oracle 提供的访问接口对 Oracle 数据库进行访问。

Oracle、SQL - SERVER 2000 提供的访问接口包括 PRO * C、OCI 和 OO4O(Oracle Objects for OLE C + + Class Library),从执行效率来说,PRO * C 优于 OCI,OCI 优于 OO4O,但 OO4O 是 Oracle 为 VC + + 提供的专用接口,封装得非常好,开发效率高。系统采用 OO4O 对 Oracle 数据库进行访问。OO4O 的类非常丰富,最常用的类为 OConnection、ODatabase、ODatabaseCollection、Odynaset 和 Ovalue 等。

Oracle 不支持中文表名和字段名,为便于用户使用,系统建立了表名和字段名的英汉对照字典,通过字典,展现在用户眼前的是纯中文的

表名和字段名。以下是字典的组织：

```
//字段的字典结构
typedef struct tag_FieldDic
{ ……
CString m_strEnglish ; //字段的英文名称
CString m_strChinese ; //字段的中文名称
……
} FIELDDIC ;
//表字典的结构
class CTableDic : public CObject
{
……
CString m_strKey      ; // 表的键值(英文)
CString m_strTableN ; // 表的名称(中文)
CArray < FIELDDIC, FIELDDIC >  m_aField ;
……
} ;
//字典集合
CTypedPtrMap < CMapStringToOb, CString, CTableDic * > g_mapDic;
```

系统对 OO4O 的类进行了进一步封装：

```
class CDTIS_OracleDB
{ ……
public:
CString m_strDBName ; // 连接的服务名称
CString m_strUserName; // 用户名称
CString m_strUserPsw ; // 用户口令
//对字典进行操作
CMapDBaseDic m_mapDic ; // 表的字典
public:
BOOL Connect( CString strDBName, CString strUserName, CString strUserPsw) ;
ODatabase m_odb ;
ODynaset m_odyn ;
```

```
OValue m_ovalue;
……
// 对表操作
BOOL Open( CString strSQL = " " ) ;
……
// 对字段操作
……
// 对记录操作
……
} ;
```

2. 对公路普查数据库的访问

1) 对数据库访问的方式

对公路普查数据库的访问,采用主流的数据库访问技术 ADO。ADO 是 Microsoft 为最新和最强大的数据访问范例 OLE DB(OLE DB 是一组“组件对象模型”(COM) 接口,是新的数据库低层接口,它封装了 ODBC 的功能,并以统一的方式访问存储在不同信息源中的数据) 而设计的,是一个便于使用的应用程序层接口。ADO 能够编写应用程序以通过 OLE DB 提供访问和操作数据库服务器中的数据。ADO 最主要的优点是易于使用,速度快,内存支出少和磁盘遗迹小。ADO 在关键的应用方案中使用最少的网络流量,并且在前端和数据源之间使用最少的层数,所有这些都是为了提供轻量、高性能的接口。

ADO 库包含三个基本接口:_ConnectionPtr 接口、_CommandPtr 接口和_RecordsetPtr 接口。

_ConnectionPtr 接口返回一个记录集或一个空指针,通常使用它来创建一个数据连接或执行一条不返回任何结果的 SQL 语句,如一个存储过程。使用_ConnectionPtr 接口返回一个记录集不是一个好的使用方法。通常同 CDatabase 一样,使用它创建一个数据链接,然后使用其他对象执行数据输入输出操作。

_CommandPtr 接口返回一个记录集。它提供了一种简单的方法来执行返回记录集的存储过程和 SQL 语句。在使用_CommandPtr 接口时,可以利用全局_ConnectionPtr 接口,也可以在_CommandPtr 接口里直接使用链接串。如果只执行一次或几次数据访问操作,后者是比较好的选择。但如果要频繁访问数据库,并要返回很多记录集,那么,应该使用全局_ConnectionPtr 接口创建一个数据链接,然后使用_CommandPtr 接口执行存储过程和 SQL 语句。

_RecordsetPtr 是一个记录集对象。与以上两种对象相比,它对记录集提供了更多的控制功能,如记录锁定、游标控制等。同_CommandPtr 接口一样,它不一定要使用一个已经创建的数据链接,可以用一个链接串代替链接指针赋给_RecordsetPtr 的 connection 成员变量,让它自己创建数据链接。如果要使用多个记录集,最好的方法是同 Command 对象一样使用已经创建了数据链接的全局_ConnectionPtr 接口,然后使用_RecordsetPtr 执行存储过程和 SQL 语句。

为了方便使用,研制人员按照 DAO 类的方式对 ADO 进行了封装:

```
struct CADOFieldInfo
{
……
};

class CADODatabase
{ ……
public:
_ConnectionPtr m_pConnection;

……
};

class CADORecordset
{ ……
private:
_ConnectionPtr m_pConnection;
_variant_t m_varBookFind;
_variant_t m_varBookmark;
_CommandPtr m_pCmd;
……
};
```

2)SQL 语句的设置

按数据库属性的查询与统计,对系统有不同的查询与统计方式,系统在设计与处理上采用了不同的方式。

(1)线路查询。

线路表名: 公路普查路段登记表

统一标志: 道路

内部输出: 路段编号

可以组合的: 2

行政等级

技术等级

3

//------------------------------

行政等级　路段编号 1

6

国道　[路段编号 LIKE'%G%']

省道　[路段编号 LIKE'%S%']

县道　[路段编号 LIKE'%X%']

乡道　[路段编号 LIKE'%Y%']

村道　[路段编号 LIKE'%C%']

专用　[路段编号 LIKE'%Z%']

引用表:0

外部输出:9　引用: -1

路线总数(条)　路线编号　1　0 GetRecordCount# 0

路线总长度(公里)　路线编号　1　1 [SUM(路段长度)]

其中 ABC　0

国道(条)路线编号 2 1[路线编号 LIKE'%G%']　0 GetRecordCount# 0

省道(条)路线编号 2 1[路线编号 LIKE'%S%']　0 GetRecordCount# 0

县道(条)路线编号 2 1[路线编号 LIKE'%X%']　0 GetRecord-

Count# 0

乡道(条)路线编号 2 1[路线编号 LIKE'% Y%'] 0 GetRecord-Count# 0

村道(条)路线编号 2 1[路线编号 LIKE'% C%'] 0 GetRecord-Count# 0

专用(条)路线编号 2 1[路线编号 LIKE'% Z%'] 0 GetRecord-Count# 0

//- -

技术等级　技术等级　1

6

高速　[技术等级 = '高速公路']

一级　[技术等级 = '一级公路']

二级　[技术等级 = '二级公路']

三级　[技术等级 = '三级公路']

四级　[技术等级 = '四级公路']

等外　[技术等级 = '等外公路']

引用表:0

外部输出:9　引用: -1

路段总数(段)　路线编号　1　0 GetRecordCount#1

线路总长度(公里) 路线编号　1　1 [SUM(路段长度)]

其中 ABC　0

高速(段)路线编号 2 1[技术等级 = '高速公路'] 0 GetRecord-Count#1

一级(段)路线编号 2 1[技术等级 = '一级公路'] 0 GetRecord-Count#1

二级(段)路线编号 2 1[技术等级 = '二级公路'] 0 GetRecord-Count#1

三级(段)路线编号 2 1[技术等级 = '三级公路'] 0 GetRecord-Count#1

四级(段)路线编号 2 1[技术等级 = '四级公路'] 0 GetRecord-

Count#1

等外(段)路线编号 2 1[技术等级 = '等外公路'] 0 GetRecord-Count#1

//- -

路线桩号 起点桩号 0

引用表:1

公路普查路段登记表

路线编号

外部输出:0 引用:0

(2)桥梁的查询与统计。

线路表名: 公路普查桥梁登记表

统一标志: 桥梁

内部输出: 桥梁名称

可以组合的: 4

桥梁类型

技术状态

所属路线

建成时间

4

//- -

桥梁类型 桥梁长度 1

4

特大桥 [桥梁长度 > =20 000]

大桥 [桥梁长度 > =5 000 AND 桥梁长度 <20 000]

中桥 [桥梁长度 > =1 000 AND 桥梁长度 <5 000]

小桥 [桥梁长度 <1 000]

引用表: 0

外部输出: 7 引用: -1

桥梁总数 桥梁名称 1 0 GetRecordCount#1

桥梁总长度 桥梁名称 1 1 [SUM(桥梁长度)]

其中 路线编号　0

特大桥(座)　桥梁名称　2　1　[桥梁长度 > =20 000]　0 GetRecordCount#1

大桥(座)　　桥梁名称　2　1　[桥梁长度 > =5 000 AND 桥梁长度 <20 000]　0 GetRecordCount#1

中桥(座)　　桥梁名称　2　1　[桥梁长度 > =1 000 AND 桥梁长度 <5 000]　0 GetRecordCount#1

小桥(座)　　桥梁名称　2　1　[桥梁长度 <1 000]　0 GetRecordCount#1

//-----------------------------------

技术状态　技术状态　1

4

一类[技术状态 ='一类']

二类[技术状态 ='二类']

三类[技术状态 ='三类']

四类[技术状态 ='四类']

引用表:0

外部输出:7　引用 -1

桥梁总数　　路线编号　1　0 GetRecordCount#1

桥梁总长度　路线编号　1　1[SUM(桥梁长度)]

其中 路线编号　0

一类桥梁 技术状态 2 1 [技术状态 ='一类'] 0 GetRecordCount#1

二类桥梁 技术状态 2 1 [技术状态 ='二类'] 0 GetRecordCount#1

三类桥梁 技术状态 2 1 [技术状态 ='三类'] 0 GetRecordCount#1

四类桥梁 技术状态 2 1 [技术状态 LIKE'%四类%'] 0 GetRecordCount#1

//-----------------------------------

建成时间 建成投产年月　0

引用表:0

外部输出:8　引用 -1

路段总数(段)　　路线编号 1 0 GetRecordCount#1

路段总长度(公里) 路线编号 1 1 [SUM(桥梁长度)]

其中 建成投产年月　0

1970 以前 建成投产年月 2 1 [建成投产年月 < 25 590.0] 0 GetRecordCount#1

1970.1 - 1979.12 建成投产年月 2 1 [建成投产年月 BETWEEN 25 590.0 AND 29 220.0] 0 GetRecordCount#1

1980.1 - 1989.12 建成投产年月 2 1 [建成投产年月 BETWEEN 29 221.0 AND 32 873.0] 0 GetRecordCount#1

1990.1 - 1999.12 建成投产年月 2 1 [建成投产年月 BETWEEN 32 874.0 AND 36 525.0] 0 GetRecordCount#1

2000.1 - 现在　　建成投产年月 2 1 [建成投产年月 > 36 525.0] 0 GetRecordCount#1

// --

所属路线 所属路段编号　0

引用表: 1

公路普查路段登记表

路线编号

外部输出: 0　引用: 0

C、SQL 语句的操作符

特殊操作符组数 3

// --

4

道路 行政等级

道路 技术等级

桥梁 桥梁类型

桥梁 技术状态

操作符 7

等于 1 [= '%s']

以上 1 [> '%s']

以下 1 [< '%s']
以上(含) 1 [> = '%s']
以下(含) 1 [< = '%s']
不是 1 [< > '%s']
在…之间 2 [BETWEEN '%s' AND '%s']
//--
1
桥梁 建成时间
操作符 3
以前 1 [<%*f*]
以后 1 [>%*f*]
在…之间 2 [BETWEEN %*f* AND %*f*]
//--
1
道路 路线桩号
操作符 1
桩号 2 [终点桩号 >%.3f AND 起点桩号 <%.3f ORDER BY 起点桩号]

如图 1-15 为构造 SQL 查询统计表达式的例子。

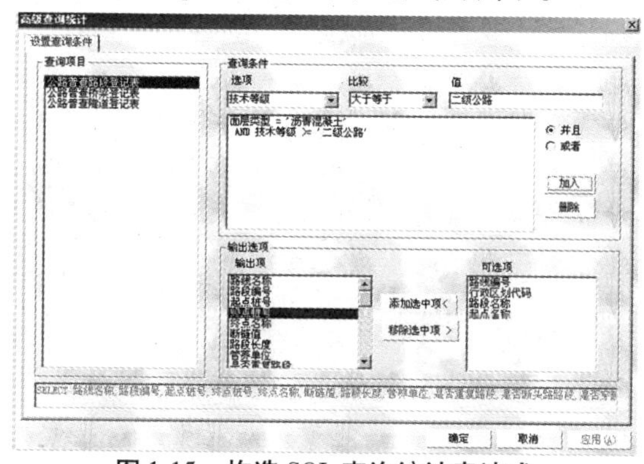

图 1-15　构造 SQL 查询统计表达式

1.5.2.3　多媒体数据管理

多媒体(multimedia)技术是一种集声、像、图、文等于一体,并以最直观的方式表达和感知信息的技术。地理实体可以通过多媒体的方式形象直观地再现。在 GIS 中,多媒体是属性数据的扩展。

对于多媒体数据管理,目前有两种方式:数据库管理和文件管理。数据库管理多媒体信息,作为一种技术发展方向一直被技术人员推崇。但是,数据库管理多媒体信息存在不便于录入和编辑、对用户要求高、速度慢等缺点。基于此,系统采用文件管理方式对多媒体信息进行管理。

在数据库表中,建立"多媒体"字段,存放含相对路径的多媒体文件名,以此建立与多媒体文件的关联,媒体信息浏览和编辑见图 1-16。

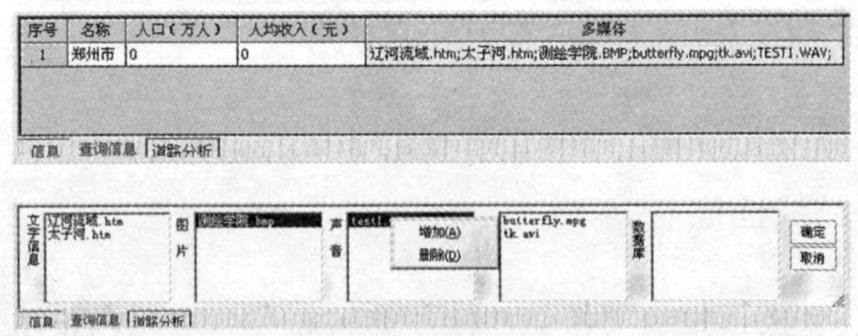

图 1-16　媒体信息浏览和编辑

第2章　GIS在房产管理中的应用

2.1　概　述

2.1.1　国内直管公房管理的技术现状

直管公房管理是城市房产管理部门早期的主要管理业务。由于福利分房的结束,房地产市场的建立,使城市房产管理部门的业务不断扩展。当前房产的产权管理、交易管理等已经上升为房产管理部门的主要业务,而直管公房的管理也成为房产管理工作中的一项业务。因此,对房产部门的决策层而言,房产管理的现代化、信息化建设首选的管理项目就是房产的产权管理和交易管理。当前在全国许多城市都相继完成和建设了房产的产权管理和交易管理等管理信息系统,而城市直管公房的管理大部分仍处于手工管理状态。

随着房产管理信息化建设的不断深入,近几年来已经有一些大城市的房产管理部门着手建立直管公房房产管理信息系统。例如,广州市、重庆市房产管理部门近年来就开始对直管公房进行信息化管理,建立了直管公房房产管理信息系统。但这些计算机管理信息系统只是在直管公房的管理中利用了MIS技术,系统的技术水平也是停留在一般MIS技术层面上,还没有利用GIS技术对直管公房进行管理的城市;这些系统也是在局域网络下运行的,数据库技术采用的也是集中式的数据库技术。

本章以郑州市直管公房信息管理系统为例,说明GIS在房产管理中的作用。

2.1.2　系统建设的必要性

直管公房是郑州市的一项重要国有资产,郑州市房产管理部门则是郑州市直管公房管理的法定单位。由于直管公房数量巨大，而房产管理部门对直管公房的管理还沿用着旧的手工管理模式，所以直管公房管理工作有跟不上时代步伐的趋势。由于管理工作没有跟上，也就出现了房产管理部门对所管理的直管公房情况掌握得不准确、使用的公房不能及时办证、房屋拆迁后不能按时归还和补偿、公房使用权变更中经常存在暗箱操作等现象。这样，就造成应收缴的费用收缴不上来、应补偿的房屋没有补偿、应限制的租赁用户不能限制等损失，在进行直管公房房改出售时也不能准确无误地审批和办理。以上原因造成直管公房管理过程中国有资产的流失，也因为直管公房的手工管理模式，办公效率不高，使直管公房管理的信息不能及时、有效地上传下达，租赁合同不能及时办理，从而使房产管理部门对直管公房管理不能精确到位，也不能有效地行使职权。

为了改变郑州市直管公房当前管理的现状，适应政府和房产管理部门信息化建设的形势需要；为了杜绝国有资产的流失，使国有资产得到保值和增值，使直管公房达到产权、经营、使用三者相统一；为了使直管公房的管理科学化、规范化，提高管理效率，郑州市直管公房的管理工作必须利用计算机技术，建立郑州市直管公房的管理信息系统。

2.2 系统概述

2.2.1 系统建设目标

系统建设的总体目标是实现直管公房的计算机管理，提高直管公房的办公管理效率，使直管公房达到产权、经营、使用三者相统一，避免国有资产的流失，并使国有资产得到保值和增值。具体目标如下：

(1)在市房管局(简称市局)、区房管局(简称区局)、房管所建立计算机局域网络，网络之间的数据交换通过活动硬盘导出和导入数据来实现。

(2)在计算机网络基础上，在市房管局、区房管局和房管所建立与管辖范围一致的数据库与图形库。

(3)在数据库和图形库的基础上，市房管局、区房管局和房管所实现对直管公房进行房产产权、占用土地、使用权、房改出售、拆迁安置补偿、其他房屋出售、产权兑换、私改退还等信息的三级管理及部分办公管理。

(4)在市房管局、区房管局、房管所三级管理的基础上,用户可以方便地进行查询和统计,输出需要的各种数据和报表。查询、统计包括对数据库和图形库的查询、统计。

(5)通过管理系统的应用,可以清楚、全面地掌握全市直管公房的情况,也能够杜绝国有资产的流失,使国有资产得到保值和增值,使直管公房达到产权、经营、使用三者相统一。同时也提高了直管公房管理的效率,使直管公房管理更加科学化、规范化。

2.2.2　系统的功能

2.2.2.1　土地管理

土地管理包括:①直管公房占用土地资料录入;②土地注销;③土地注销维护等。

2.2.2.2　房产管理

房产管理包括:①直管公房资料录入;②房产分割;③房产灭失;④房产灭失维护;⑤分户资料管理等。

2.2.2.3　租赁管理

租赁管理包括:①租户资料管理;②过户管理;③收费任务管理;④收费管理;⑤租费变更等。

2.2.2.4　房改出售管理

房改出售管理包括:①历史资料录入;②房改登记;③权属处初审;④权属处长审批;⑤市局其他审批——房改办、财务处、产权处和局长审批;⑥权属处确认。

2.2.2.5　其他变更

其他变更包括:①其他出售资料录入;②产权兑换资料录入;③私改退还资料录入。

2.2.2.6　拆迁安置

拆迁安置包括:①拆迁资料录入;②补偿安置资料录入。

2.2.2.7 统计报表

统计报表包括:①房地产租赁月报表;②月租金任务完成情况汇总表;③房地产租赁基数增减变动季度报表;④出租房地产年基础数字统计表。

2.2.2.8 统计

统计包括:①占用土地统计;②直管公房统计;③分户情况统计;④租费统计;⑤房改出售统计;⑥其他出售统计;⑦拆迁安置统计;⑧产权兑换统计;⑨私改退还统计。

2.2.2.9 查询(属性信息)

查询(属性信息)包括:①占用土地查询;②直管公房查询;③分户查询;④租户查询;⑤租费查询;⑥房改出售查询;⑦房改审批不通过件查询;⑧其他出售查询;⑨拆迁安置查询;⑩产权兑换查询;⑪私改退还查询。

2.2.2.10 数据交换

数据交换包括:①数据下载;②数据装载。

2.2.2.11 图形操作功能

图形操作功能包括:①图形显示:包括图形放大、缩小、漫游、居中,其他建筑图层显示控制,地图导航和测量距离等;②图形编辑:包括绘制宗地(用鼠标直接绘制宗地、给定距离和角度绘制宗地),绘制房屋(用鼠标直接绘制房屋、给定距离和角度绘制房屋)等;③图形维护:包括删除宗地、删除房屋、图形复制、图形和属性的关联等;④图形查询:包括单选查询宗地和房屋,指定矩形范围查询宗地和房屋,指定圆形范围查询宗地和房屋,指定街区范围查询宗地和房屋,指定道路和距离查询宗地和房屋等。

2.2.2.12 系统维护和其他

系统维护和其他包括:①更改口令;②信息编码维护;③用户编码维护;④用户权限维护;⑤数据维护;⑥道路中心距离设置。

2.2.3 系统的框架结构

系统的框架结构如图2-1所示。

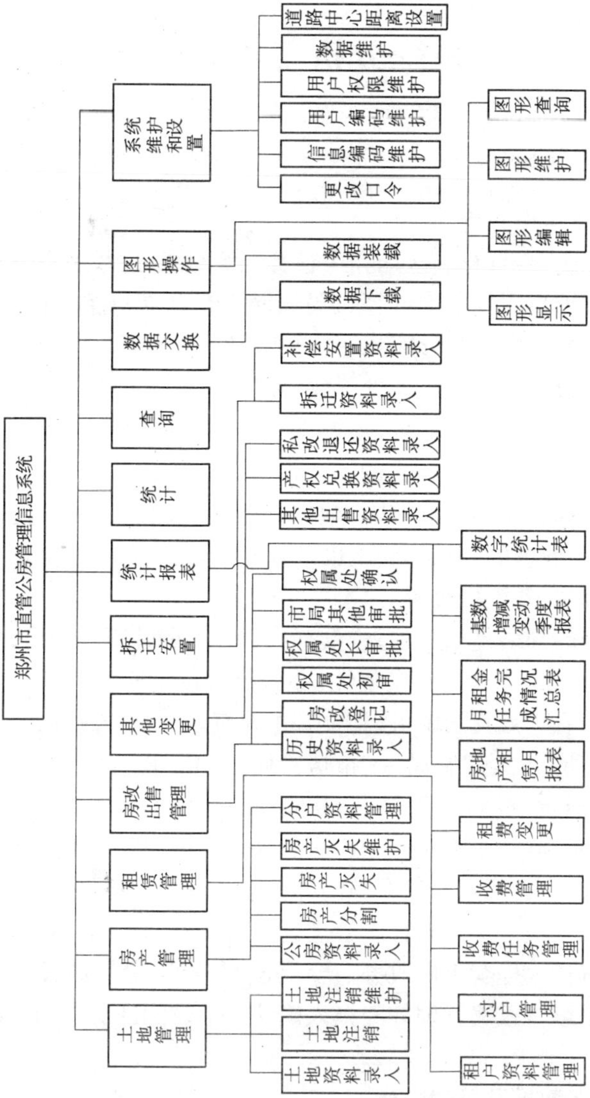

- 郑州市直管公房管理信息系统
  - 土地管理
    - 土地资料录入
    - 土地注销
    - 土地注销维护
  - 房产管理
    - 公房资料录入
    - 房产分割
    - 房产灭失
    - 房产灭失维护
    - 分户资料管理
  - 租赁管理
    - 租户资料管理
    - 过户管理
    - 收费任务管理
    - 收费管理
    - 租费变更
  - 房改出售管理
    - 历史资料录入
    - 房改登记
    - 权属处初审
    - 权属处长审批
    - 市局其他审批
    - 权属处确认
  - 其他变更
    - 私改退还资料录入
    - 产权兑换资料录入
    - 其他出售资料录入
  - 拆迁安置
    - 拆迁资料录入
    - 补偿安置资料录入
  - 统计报表
    - 房地产租赁月报表
    - 月租金任务完成情况汇总表
    - 基数增减变动季度报表
    - 数字统计表
  - 统计
  - 查询
  - 数据交换
    - 数据下载
    - 数据装载
  - 图形操作
    - 图形显示
    - 图形编辑
    - 图形维护
    - 图形查询
  - 系统维护和设置
    - 更改口令
    - 信息编码维护
    - 用户编码维护
    - 用户权限维护
    - 数据维护
    - 道路中心距离设置

图 2-1　系统的框架结构

2.3 系统分析与设计思路

2.3.1 系统分析

2.3.1.1 系统用户分析

本系统的用户由市局、区局和房管所三级组成,这些用户分布在全市多个位置。用户所建立的计算机局域网络是独立不相连接的网络,系统所建立的数据库和图形库就在这些网络上分布着。网络之间的数据交换则是通过移动硬盘或软盘下载数据和装载数据实现的。要在这样相互独立的网络上运行系统,还要保持网络上所建立的数据库和图形库的一致性是本系统要解决的重要课题。要正常运行本系统,在各类用户都有对数据库维护的权限、数据交换还不能通过网络直接实现的条件下,保障数据的一致和安全也是开发、建设本系统的难点。

2.3.1.2 用户业务流程分析

由于系统的网络是相互独立、没有进行连接的计算机网络,为了保证各网络间数据的一致性和完整性,办公流程尽量简化处理。从用户需求说明书的有关流程图中可以看出,主要有以下三种流程:

(1)房管所 → 区房管局 → 市房管局——由下往上传送。

(2)市房管局 → 区房管局 → 房管所——由上往下传送。

(3)房管所 ← 区房管局 → 市房管局——由中间向上、下传送。

其中,房改出售要走比较完整的办公流程:区房管局进行新增房改出售的登记—上报市房管局权属管理处—市房管局权属管理处经办人初审—处长审核—提交市房改办、产权处、财务处、房管局长进行审批和办理有关手续—权属管理处经办人确认—下发到区房管局—给住户发房产证。

2.3.1.3 业务数据及管理分析

1. 业务数据关联性强

直管公房主要管理的数据是房产状况数据、分户情况数据、租赁人数据、收费数据。其中,分户情况数据和租赁人数据关联性是最强的,其关联的数据项是分户数据中的产权状态和租赁状态。只有分户租赁状态是现租时方可进行过户、房改出售、其他出售、产权兑换和私改退还。而分户产权状态已经是房改出售状态,就不能进行其他出售、产权兑换和私改退还,反之一样。房屋已经进行了拆迁就不能进行其他所有的产权管理。当然,业务数据还存在图形和属性之间的关联。由于有了以上的关联,在系统设计时就要严格遵守。例如,进行房改出售登记时,就要求按照其关联性进行过滤提示,以保证所登记的分户和房改购买人的正确性。

2. 业务数据的管理

本系统在进行直管公房数据整理输入时不是直接按照房屋当前的产权状态输入数据的,而是按照以下要求进行的:

先输入房屋和分户初始状态,再输入租赁人情况,然后进行产权状态变更资料的录入。也就是说,输入了房屋和分户资料后,要按照原来管理办公的过程录入有关资料,最后使输入的资料符合房屋和分户当前的实际状态。

当输入的所有管理的房屋和分户情况的资料符合当前实际情况后,才能开始利用系统对直管公房进行实际业务的管理。

2.3.2 设计思路

2.3.2.1 数据库管理和设计思路

1. 数据库管理

数据库设计是信息管理设计的关键。考虑到本系统运行的网络环境是由多个互相不连接的局域网络组成,所以每个网络中运行的数据库都是集中式数据库,而系统所有的数据库管理则采用分布式数据库管理方式。所有下级单位的数据库基本上都是它上一级单位数据库的子集。

2. 数据库设计思路

数据库各类数据表的设计按照各类数据的关联性和所属关系进行设计,其主要数据表的组成是树状结构。主要数据表的设计顺序如下。

(1)宗地表:占有土地数据表。

(2)宗地上的房屋:房屋数据表。

(3)房屋内的分户:房屋分户数据表。

(4)分户租赁人:租赁人数据表。

(5)租赁人的情况和费用:租赁人数据表和租赁费用数据表。

(6)对租户进行收费:租费收取数据表。

(7)按租户对分户产权的变更:房改出售数据表、其他出售数据表、产权兑换数据表、私改退还数据表。

(8)房屋拆迁和安置补偿:房屋拆迁数据表、安置补偿数据表。

2.3.2.2　图形库设计思路

由于本系统所管理的主要图形是宗地及房屋(直管公房)两种图形,其他图形只是这两种图形的参照图形(或称背景图形),所以本系统的图形库由宗地、直管公房和市行政区等图形组成。因为每个区的直管公房不一定都在本区所管辖的区域内,由于宗地和房屋图形不能只分为两层,调看各区的宗地和房屋只需要按照宗地和房屋层再加上各区的条件就能实现,所以本系统的宗地和房屋分层是依据行政区的不同进行分层的。例如二七区就分为二七区宗地层和二七区房屋层。

另外,图形的编辑、维护和查询设计也只涉及宗地及房屋两种图形的操作。对背景图形的操作也只限于放大、缩小、浏览和建筑(非直管公房的房屋)层的关闭。

2.3.2.3　办公过程管理设计思路

由于本系统的运行环境由多个互相独立、不相连接的网络组成,因此本系统本质上是一个直管公房管理信息的系统,一般不涉及管理办公过程。涉及管理办公过程时,基本还是人工办理,办理结束后把办理过程和办理结果输入系统。这里涉及的办公过程只有房改出售一种业务,这种业务的办理也是经过了简化处理。

由于以上原因,本系统的原始信息绝大部分都是区房管局把信息录入计算机系统,只有收费信息是房管所录入计算机系统。

2.3.2.4　网络间数据的交换设计思路

由于本系统是建立在相互独立的计算机局域网络换件下,各局域网络所建立的数据库也是相互独立的。但是,这些数据库本质上是一个系统的数据,只是分开存放在不同的环境下,这样就要求数据库之间要保证数据的一致性和完整性。因此,数据库之间肯定存在数据的交换。数据的交换就是数据从一个网络的数据库中传输到另一个网络的数据库中。

数据的交换要经过两个操作:数据下载和数据装载,首先从一个网络的数据库或图形库中下载数据转储到一个可移动存储器中,然后把这个存储器中的数据装载到另一个网络的数据库或图形库中。由于在可移动存储器中不可能建立数据库或图形库管理环境,所以在进行数据交换过程中,数据的形式也就不是以数据库表或图形的形式进行传送的。因此,在下载数据时要把数据库和图形库的数据转换成数据文件的形式存放到可移动存储器中,在进行数据装载时再把数据文件转换成数据库表或图形保存的形式。

2.3.2.5　MIS 和 GIS 的集成考虑

由于本系统涉及两类程序模块,办公管理程序模块(MIS)和图形管理操作模块(GIS),这样就存在 MIS 系统和 GIS 系统的集成问题。进行系统的集成不是将 MIS 与 GIS 空间数据和操作界面简单的联系结合,而是将 MIS 与 GIS 进行有机、无缝的集成,使其构成一个完善、整体的系统,即做到界面、操作一体化,实现方便快捷的数据互联与互访,保持 MIS 与 GIS 数据的一致性和完整性,使图、文、表一体化。

2.4　数据库设计

2.4.1　数据库的管理方式

大型数据库的管理方式主要有数据仓库管理、分布式数据库管理和集中式数据库管理。本系统虽然涉及的直管公房数量多,但要管理的数据量不算很大。利用数据仓库进行管理虽然速度快、处理能力强,但投资也相当巨大,因此本系统不考虑利用数据仓库进行管理。集中式数据库管理既能节约系统建设的投资,减少系统建设和开发的难度,又能加快系统建设的步伐。但是,本系统是要处理多个局域网络上的数据,不能采用集中式数据库管理的方式。若采用分布式数据库管理,当前用户的网络没有连通,无法实现分布式管理。所以,本系统原则上采用分布式数据库管理和集中式数据库管理相结合的管理方式,就是每个局域网络上都建立集中式数据库进行管理,市局网络的数据库是各区房管局网络数据库的汇总。若不考虑网络的连接,整个系统的数据库就是建立具有冗余的分布式数据库,下面区局的数据库是市局数据库的子集。这样就要求市局数据库和区局数据库的数据一致。当一方的数据有变更和添加时要及时地反映到另一方的数据库中。当然这里的反映是通过网络以外的数据交换方式实现的。

由于以上原因,本系统在进行数据库设计时,必须考虑到所有数据库的数据一致。数据一致包括所建立的数据库表结构一致、信息编码体系一致、市局数据库所管理某区的数据内容和该区数据库的数据内容一致。

2.4.2　数据库设计原则

在数据库设计阶段,必须下大工夫分析数据、建立系统的信息模型。数据库及数据库表结构是系统功能赖以生存的基础。只有建立合理、完整的数据库结构,才能保证系统的信息集成与共享,消除信息冗余、不完整和不一致的隐患。同时,可使系统具备易维护、易扩充的特性。数据库设计应遵循以下原则:

(1)数据一致性。本系统数据的采集存在多个入口,因此在进行数据库设计时要严格控制数据录入格式,保证数据的完整性和一致性。

(2)扩充性。系统要适应以后发展的需求,因此数据库设计在满足当前需求的同时,必须适应整个系统进一步开发、扩充的需求。

(3)兼容性。要解决好数据的兼容性问题。

(4)结构合理,尽量减少冗余。要尽量符合第三范式,结构合理,减少冗余。但考虑到关联和有关需要,在个别表设计时要留有一定的冗余量。

(5)可靠性和安全性。依据数据库管理系统的安全机制,采用身份认证技术保证系统的安全保密性。为了方便系统管理员为系统的使用人员设置使用权限,本系统可以专门设计使用人员的数据表。另外,建立积极稳妥的数据备份与恢复机制,是保障数据安全性的关键措施。

2.4.3　数据库的名称

郑州市直管公房管理系统的数据库名称为 ZGGFDB。该数据库名称既是市局建立的数据库,也是各区房管局、各房管所系统建立数据库的名称。

2.4.4　数据表

2.4.4.1　宗地情况表

(1)宗地表:a_zd_zb——保存和管理宗地信息。

(2)宗地景观表:a_zd_jgb——保存宗地景观图片。

(3)土地使用年限表:a_td _synxb ——土地使用年限数据表。

2.4.4.2　直管公房情况表

(1)直管公房楼房情况表:a_zggf_lfqkb——保存和管理直管公房楼房情况的信息。

(2)直管公房楼房景观表:a_zggf_lfjgb——保存房屋的景观图片。

(3)直管公房楼房设施表:a_zggf_lfssb——保存房屋的设施。

(4)直管公房楼房取得资料表:a_zggf_lfqdzlb——保存房屋取得的资料。

(5)直管公房楼房用途表:a_zggf_lfytb——保存房屋的用途。

(6)直管公房分户情况表:a_zggf_fhqkb——保存分户情况的信息。

(7)直管公房分户设施表:a_zggf_fhssb——保存分户的设施。

2.4.4.3　房屋使用人员和费用情况表

(1)住宅使用人表:a_ gfsy_zzsyrb——保存住宅使用人情况。

(2)住宅使用费表:a_ gfsy _zzsyfb——保存住宅使用费情况。

(3)非住宅使用人表:a_ gfsy _fzzsyrb——保存非住宅使用人情况。

(4)非住宅使用费表:a_ gfsy _fzzsyfb——保存非住宅使用费情况。

(5)收费表:a_ gfsy _sfb——保存收费信息。

(6)欠费表:a_ gfsy _qfb——保存欠费信息。

(7)收欠费表:a_ gfsy _sqfb——保存收欠费信息。

(8)退费表:a_ gfsy _tfb——保存退费信息。

(9)享受标准表:a_ gfsy_xsbz 。

(10)计算租费数据表:a_ gfsy_jszfsjb。

(11)租费层次增减率(%)表:a_ gfsy _cczjlb。

(12)重新计算租费提示表:a_ gfsy _jszftsb——保存租用房后又超标的租户情况。

系统要考虑这样的情况,一个租户在没有购买房改房前已经租赁有直管公房,且不超标,租赁费用全为低价。以后又购买了房改房,原来的租用房屋有可能要超标,因此在购买房改房后要对该户的租费重新计算修改。当办理房改售房审批结束时要自动把该户情况填写到"修改租费提示表"中,以提示区房管局修改该户房屋租赁费用。即在进行收费模块设计时,要有浏览该表的后台程序,发现有提示内容应能自动修改相应的租费。

2.4.4.4　房改房出售表

(1)房改房出售表:a_ fgcs_zb——保存房改房出售情况。

(2)房改房出售计算费用系数表。

(3)成本价和工龄折扣标准表:a_ fgcs _cbjglzkb——记录房改房出售成本价和工龄折扣。

(4)计算系数表:a_ fgcs _jsxsb——记录房改房出售有关系数。

(5)房改购房标准表:a_ fgcs _gfbzb。

(6)结构增减率(%)表:a_ fgcs _jgzjlb。

(7)层次增减率(%)表:a_ fgcs _cczjlb。

2.4.4.5　直管公房其他出售表

直管公房其他出售表:a_ qtcs_zb——保存直管公房其他出售情况。

2.4.4.6　直管公房产权兑换和私改退还表

(1)直管公房产权兑换表:a_dhth_dhb——保存直管公房产权兑换情况。

(2)私改退还表:a_dhth_thb——保存私改退还情况。

2.4.4.7　拆迁安置补偿表

（1）拆迁表:a_cqaz_cqb——保存拆迁情况。

（2）安置补偿表:a_cqaz_azbcb——保存安置补偿情况。

2.4.4.8　统计用表

对直管公房业务的管理，非常重要的一类内容就是汇总上报各种统计表。理论上建立了有关数据库后，所有的数据都可以通过对数据库数据的统计获得，但是对于土地管理的数据，当前还不能从基础数据中索取，所以有关统计表中还存在手工填写内容的现象。例如，“房地租赁月报表”的土地数据（户数、面积、月租）每个月都需要手工填写。这样就要对这些手工填写的数据进行保存，以便在季度报表、年度报表中使用，这样就需要设计有关统计表。另外，如果系统数据量大，统计程序的执行要花费许多时间。为了减少系统的开销，已经统计了的数据（例如月报数据），以后进行季度报表和年报时可以直接利用。

（1）租费收取任务表:a_tj_zfrwb——保存市局、区局、房管所租费收取的任务数。

（2）房地租赁月报表:①房地租赁月报（基数情况）表:t_tj_fdzyb_1——本月基数情况;②房地租赁月报（租金收交）表:t_tj_fdzyb_2——本月租金收缴情况;③房地租赁月报（往年欠租）表:t_tj_fdzyb_3——往年欠租情况;④房地租赁月报（其他数据）表:t_tj_fdzyb_4——月报其他数据;⑤房地租赁月报（辅助记录）表:t_tj_fdzyb_5——月报辅助信息;⑥房地租赁月报（基数项目）表:t_tj_fdzyb_11——基数项目名称。

（3）月租金任务完成情况汇总表:①月租金任务完成情况汇总（数据）表:t_tj_yzrwwcqkb_1——本月租金任务完成情况数据;②月租金任务完成情况汇总（辅助记录）表:t_tj_yzrwwcqkb_5——本月租金任务完成情况辅助信息。

（4）房地租赁基数增减变动季度报表:①房地租赁基数增减变动季度报（数据）表:t_tj_fdzjsbdb_1——记录季度基数变动数据;②房地租赁基数增减变动季度报（辅助记录）表:t_tj_fdzjsbdb_5——记录季度基数变动情况辅助信息;③房地租赁基数增减变动季度报（项目）表:t_ tj_fdzjsbdb_11——记录季度基数变动项目数据。

(5)出租房地产年基础数字统计表:①出租房地产年基础数字统计(数据)表:t_tj_njcszb_1——记录年度出租基础数据情况;②出租房地产年基础数字统计(辅助记录)表:t_tj_njcszb_5——记录年度出租基础数据情况辅助信息;③出租房地产年基础数字统计(项目)表:t_tj_njcszb_11——记录年度出租基础数据情况项目名称。

2.4.4.9　办公用表

(1)单位编码表:b_bg_dwbmb——记录市房管局、区房管局、房管所单位及编码。

(2)办公人员编码表:a_j0_yhbmb——记录各办公单位的人员情况、权限、一级口令、二级口令等。

(3)办公人员权限表:a_j0_yhqxb。

(4)角色表:a_j0_jsbmb。

(5)角色功能表:a_j0_jsgn。

(6)模块功能表:a_j0_gnbm。

(7)办公业务提示表:b_bg_ywtsb。

在房管所向区局上报、区局向市局上报要批示的业务后,区局和市局要对上报的业务进行审查和批示。在审查和批示时,若同时有多种不同的业务,不可能对这些业务一个一个地进行浏览和审批。系统要提供一种提纲性质的查看界面,使审查人员可以先看是什么类型的业务、哪个单位上报的业务,决定审查什么后,再进行详细查看。记录上报的是什么类型的业务、哪个单位上报的业务,上报后到什么环节等。

(8)办公业务环节表:b_bg_ywhjb——记录办理业务的环节数据的表。

(9)办公业务代码名称表:b_bg_ywdmb——记录所有办公业务数据的表。

(10)原始数据录入业务对应表:b_bg_yssjlrb——记录每类单位原始数据录入都有哪些业务。

2.4.4.10　代码和编码用表

(1)数据类型编码表:a_j0_sjbmlxbm。

(2)数据编码表:a_j0_sjbmb。

(3)道路编码表:d_dm_dlbmb。

2.4.5 数据表之间的关系

对直管公房房产的管理是按照行政区、房管所、宗地、楼房、分户顺序进行管理的。房产的出租、出售、兑换、私改退还、拆迁安置等都是分户进行的,所以主要的管理均以对房屋分户的管理为基础。从该前提出发,分户情况表是本系统的核心表。若是整楼出租、出售、拆迁,分户情况表的户号为“0”就表示是整幢楼的情况,即特殊的分户情况表。

另外,本系统主要的管理表有宗地表、直管公房表、房屋使用人表、使用费表、房改房购买人表、其他出售购买人表、拆迁安置表等。系统设计的其他表基本上是上面核心表和主要管理表的附属表或有关参数表等。

行政区、房管所、宗地、楼房、分户之间的关联如下:分户情况表通过楼号和楼房关联、楼房通过宗地编号和占用土地关联、占用土地通过房管所数据和房管所关联、房管所通过本身的编码和区房管局关联。

房屋使用人表和使用费表、房改出售、其他出售等表则是通过宗地编号+幢号+户号和分户情况表关联的。

产权兑换、私改退还、拆迁安置和分户表的关联则是通过有关产权兑换编号、私改退还编号、拆迁安置编号进行关联的。

2.4.6 对信息编码的规定

(1)行政区编码(3位):市或区房管局编码=行政区编码(3位)+“00”。

(2)房管所编码(5位):行政区编码(3位)+房管所编码(2位)。

(3)宗地编号(6位):行政区编码(3位)+宗地顺序号(3位)。

(4)登记编号(8位):宗地编号(6位)+楼房幢号(2位)。

(5)户号(3位)。

(6)分户编号(11位):登记编号(8位)+户号(3位)。

(7)租赁合同编号(12位):行政区编码(3位)+年(4位)+合同

顺序号(5 位)。

(8)租赁系统编号(12 位):行政区编码(3 位) + 住宅非住宅标志(1 位) + 顺序号(8 位),住宅非住宅标志根据“使用类别”决定,使用类别 =“1”为住宅,其他为非住宅。

(9)收费编号(16 位):租赁合同编号(12 位) + 收费顺序号(4 位)。

(10)欠费编号(16 位):租赁合同编号(12 位) + 欠费顺序号(4 位)。

(11)退费编号(16 位):租赁合同编号(12 位) + 退费顺序号(4 位)。

(12)房改出售编号(12 位):行政区编码(3 位) + 年(4 位) + 房改出售顺序号(5 位)。

(13)其他出售编号(12 位):行政区编码(3 位) + 年(4 位) + 其他出售顺序号(5 位)。

(14)产权兑换编号(12 位):行政区编码(3 位) + 年(4 位) + 产权兑换顺序号(5 位)。

(15)私改退还编号(12 位):行政区编码(3 位) + 年(4 位) + 私改退还顺序号(5 位)。

(16)拆迁编号(12 位):行政区编码(3 位) + 年(4 位) + 拆迁顺序号(5 位)。

(17)补偿安置编号(12 位):行政区编码(3 位) + 年(4 位) + 补偿安置顺序号(5 位)。

(18)报表编号(11 位):单位编码(5 位) + 年(4 位) + 月(2 位)。

(19)任务编号(12 位):单位编码(5 位) + 年(4 位) + 月(2 位) + 下达修改标志(1 位)——0 为下达、1 ~ 9 为修改。

(20)道路编码(6 位):行政区编码(3 位) + 道路编码(3 位)。

(21)人员编码(8 位):行政区编码(3 位) + 房管所编码(2 位) + 人员顺序号(3 位)。

(22)数据交换顺序号(10 位):单位编码(5 位) + 顺序号(5 位)。

2.5　地图数据库设计

2.5.1　基础图

2.5.1.1　基础图的概念

基础图就是郑州市的行政区划图,该图主要包括行政区、道路、铁路、水系、公园、医院、学校、机关、商场、车站、城市主要绿地、主要标志物和地物等,该图一般情况下不能进行维护和编辑。若行政区有了变更或其他变化等,基础图由市局统一进行修改和编辑,然后把图装入各区和各房管所系统中。除市局系统维护员外,系统不给任何人提供修改和编辑本基础图的权限。

2.5.1.2　基础图的生成

基础图的生成有两种方式。一种方式是利用郑州市已经有的数字化图,在这种数字化图中选择行政区、道路、铁路、水系、公园、医院、学校、机关、商场、车站、城市主要绿地、主要标志物和地物等图层即可形成基础图。另一种方式是对标准的郑州市行政区划图进行扫描、矢量化并分层生成上面的基础图形。本系统基础图按照第一种方式生成。

2.5.2　图形的分层

2.5.2.1　基础图分层

基础图可以划分为若干层,道路、铁路、水系、公园、医院、学校、机关、商场、车站、城市主要绿地、主要标志物和地物等都可继承原来图形的层。

2.5.2.2　行政区分层

考虑到图形维护的方便,系统不是把行政区划分成一个层,而是一个行政区划分成一层,行政区的图层名称和行政区的区划编码一样。为了市局对图形进行查询、统计和维护的方便,还可以把所有的行政区放到一个图层中,该层中通过行政区的编码和行政区图形的编码进行关联。

2.5.2.3 宗地分层

宗地分层和行政区分层类似,每个行政区房管所所管理的宗地分为一层。如果一个房管所所管理的宗地在其他行政区内,只要把该宗地划归为该房管所要管理的层即可。房管所对本所管理的该层宗地有维护的权限。另外,该行政区的宗地又可单独划分为一层,区局对这层宗地有维护的权限。

2.5.2.4 房屋分层

房屋分层和宗地分层方式类似。

2.5.3 图形的编码

2.5.3.1 图形分层的编码

宗地层的编码:宗地层的编码同所在区的区房管局的编码一致(d_区房管局的编码)。

房屋层的编码:房屋层的编码同所在区的区房管局的编码一致(f_区房管局的编码)。

2.5.3.2 图形的编码

本系统只考虑对宗地和房屋图形进行编码。宗地的编码同宗地的登记编号一致,房屋的编码同房屋的登记编号一致。

2.5.4 图形的线型和符号

有关图形的线型和符号,采用和现行郑州市行政区地图类似的线型和符号。对于宗地的轮廓线,当前市行政图没有涉及该线型,本系统在建立基础图时和房产管理局协商用一种线型。

2.5.5 图形显示颜色

基础图的显示颜色参照原来数字图的颜色进行显示。

宗地按照土地使用权状态进行显示,如表 2-1 所示。

表 2-1　土地使用权状态、编码及显示颜色

土地使用权状态	编码	显示颜色
有使用权	1	绿色
已出让	2	淡红
已划拨	3	黄色
没使用权	9	白色

房屋按照房屋产权状态进行显示,如表 2-2 所示。

表 2-2　房屋产权状态、编码及显示颜色

房屋产权状态	编码	显示颜色
有产权	1	绿色
已出售	2	淡红
拆迁	3	黄色
没产权	9	白色

2.6　图形的属性表及关联

2.6.1　图形的属性表及关联

图形的直接属性表主要有两个:宗地表(a_zd_zb)和直管公房楼房情况表(a_zggf_lfqkb)。图形的宗地通过宗地编号和宗地表(a_zd_zb)关联;楼房通过宗地编号 + 幢号和楼房表(a_zggf_lfqkb)关联。有了这两个表的信息,其他的属性都可以通过这两个表和其他表进行关联。

2.6.2　图形景观图片

图形景观图片包括宗地的环境图片、宗地内的外观图片、房屋的外

景图片等。这些图片都存放在宗地和直管公房所挂接的图片表中,通过宗地编号和宗地连接或通过房屋幢号和楼房连接。

2.7　系统数据流程图

2.7.1　系统数据流程图说明

数据流程图是表示业务管理中求解某一问题的数据通路,它同时规定了数据处理的主要阶段和所涉及的各种数据媒体。数据流程图是和用户进行交流的有效手段,也是进行详细设计和编程的主要依据。

由于本系统的多个局域网络相互独立,所以业务办公流程基本不利用本系统处理。因此,本系统涉及的数据流程图主要体现在各网络间的数据交换。其他的处理只有数据录入、修改和查询统计。系统所涉及的数据流程主要有以下几种:

(1)由下(房管所)向上(区局、市局)逐级上传的业务:①收费;②收欠费;③退费;④统计报表。

(2)由上(市局)向下(区局、房管所)逐级下传的业务:①任务下达;②代码维护;③道路维护;④直管公房房改出售。

(3)由中间(区局)向上(市局)和向下(房管所)传递的业务:①土地的新增;②直管公房的新增;③租赁过户;④直管公房房改出售;⑤其他出售;⑥产权兑换;⑦私改退还;⑧拆迁;⑨安置补偿。

2.7.2　数据流程图主要图例

数据流程图图例如图 2-2 所示。

2.7.3　主要的数据流程图

2.7.3.1　收费、欠费、退费等业务的数据流程图

收费、欠费、退费等业务的数据流程图如图 2-3 所示。

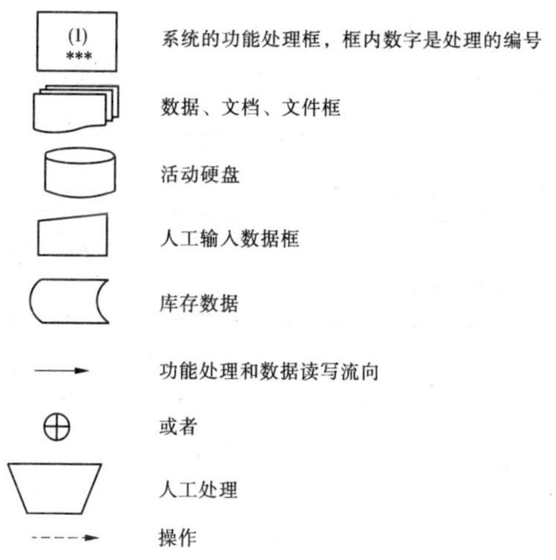

图 2-2　数据流程图图例

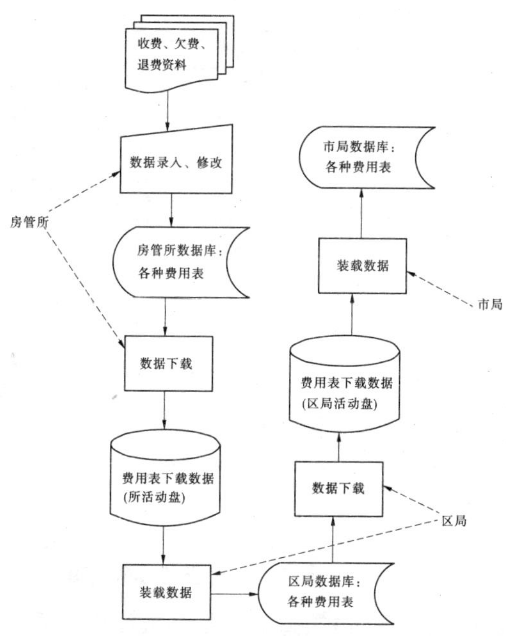

图 2-3　收费、欠费、退费等业务的数据流程图

2.7.3.2　直管公房房改出售业务数据流程图

直管公房房改出售业务数据流程图如图 2-4 所示。

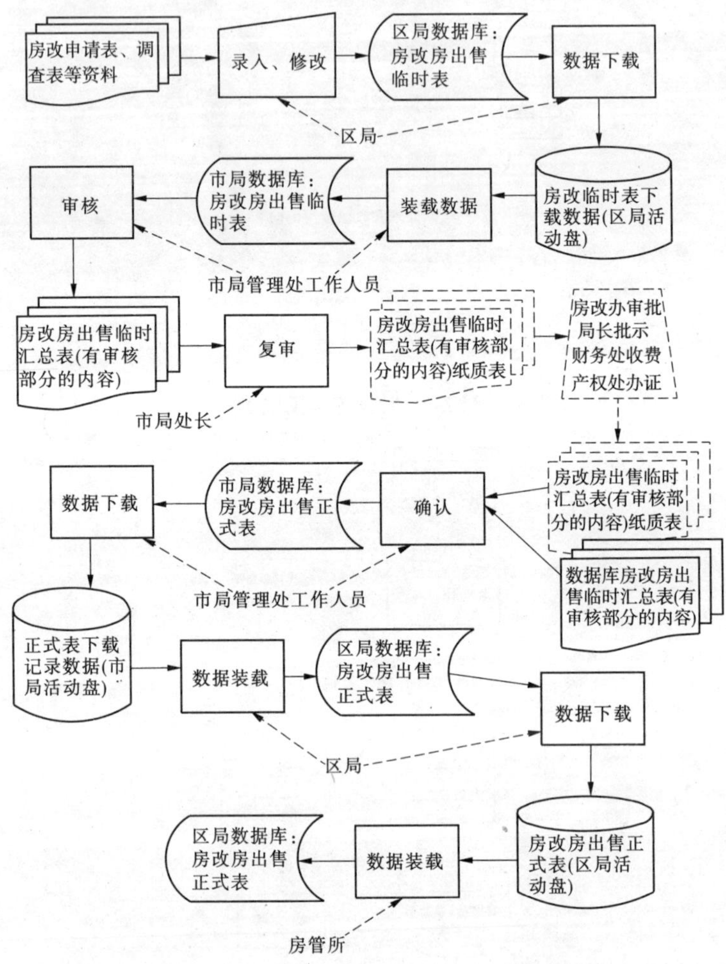

图 2-4　直管公房房改出售业务数据流程图

2.7.3.3　任务下达、代码维护、道路维护等数据流程图

任务下达、代码维护、道路维护等数据流程图如图 2-5 所示。

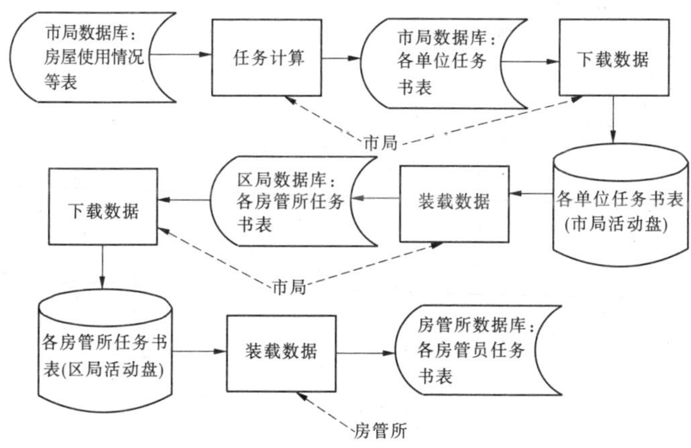

注:代码维护、道路维护只把“任务计算”改成相应的代码维护、道路维护即可。

图 2-5　任务下达、代码维护、道路维护等数据流程图

2.7.3.4　其他出售、产权兑换、私改退还、拆迁、安置补偿等数据流程图

其他出售数据流程如图 2-6 所示。

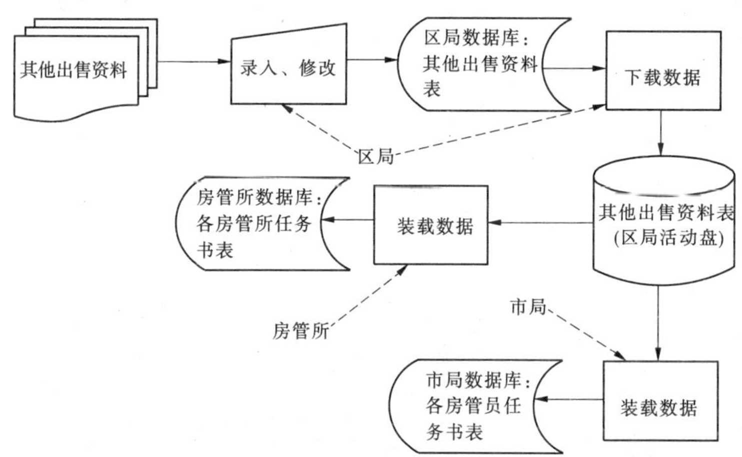

注:产权兑换、私改退还、拆迁、安置补偿、新增土地、新增房产和其他出售数据流程图一样,只是涉及的数据表不同。

图 2-6　其他出售数据流程图

2.7.3.5　租赁过户数据流程图

租赁过户数据流程图如图 2-7 所示。

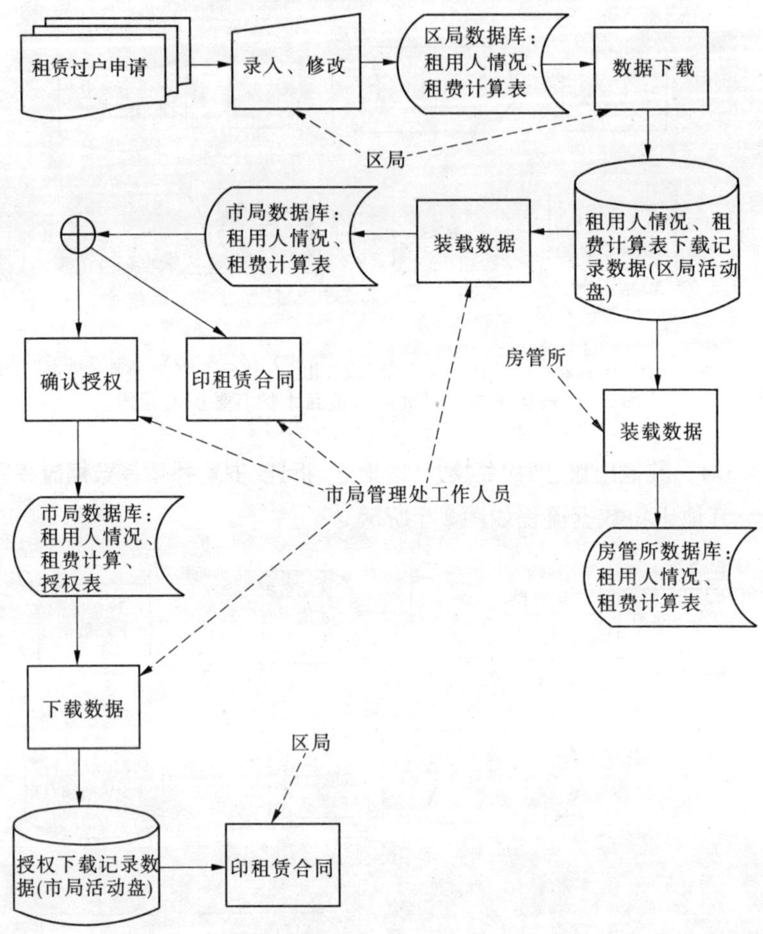

图 2-7　租赁过户数据流程图

2.7.3.6　直管公房房改出售数据流程图

直管公房房改出售数据流程图如图 2-8 所示。

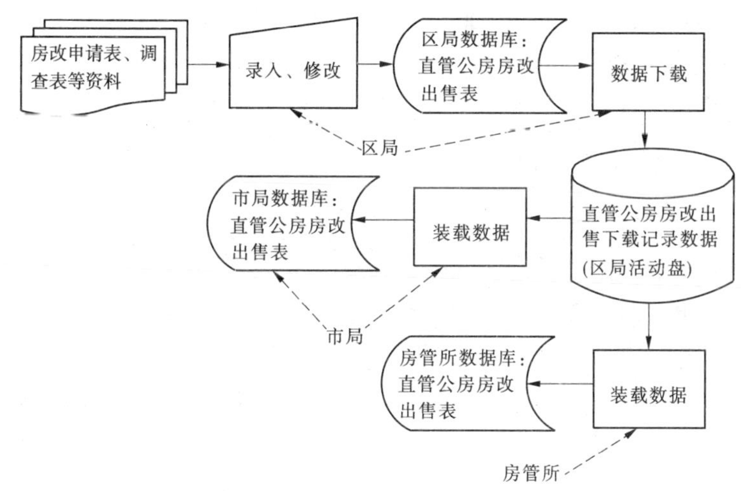

图 2-8　直管公房房改出售数据流程图

2.8　网络间数据的交换

2.8.1　网络间数据交换的概念和过程

由于本系统是建立在相互独立的计算机局域网络条件下的，因此各局域网络所建立的数据库也是相互独立的。但是，这些数据库本质上是一个系统的数据，只是分开存放在不同的环境下，这就要求数据库之间的数据要保证一致性和完整性。因此，数据库之间肯定存在数据的交换过程。数据的交换就是数据从一个网络的数据库中传输到另一个网络的数据库中。数据的交换要经过两个操作，即数据下载和数据装载。

首先从一个网络数据库和图形库中下载数据转存到一个可移动存储器中，然后再把这个存储器中的数据装载到另一个网络的数据库或图形库中。由于在可移动存储器中不可能建立数据库和图形库管理环境，所以在进行数据交换过程中数据的形式也就不是以数据库表或图形的形式进行传送的。因此,在下载数据时要把数据库和图形库的数据转换成数据文件的形式存放到可移动存储器中,在进行数据装载时再把数据文件转换成数据库表或图形的形式保存。

2.8.2 数据交换过程中的控制和交换轨迹记载的内容

为了保证数据的一致性和完整性,在进行数据交换时需要进行严格的控制,以免发生数据库数据的混乱,还要对交换过程中的操作轨迹进行记载,以便在发生问题时能够查找原因,并进行补救。数据交换过程中的控制和轨迹记载主要有以下几方面。

2.8.2.1 数据下载的控制和轨迹记载

1.数据下载的控制

(1)进行数据下载时操作人员的控制。

(2)下载数据内容的控制。①下载数据时对下载什么业务数据的控制;②下载数据时对下载的数据文件和对应数据库表的控制;③下载数据时对下载数据记录方式(新增的、历史数据修改、历史数据校对)的控制。

(3)下载数据量的控制。

(4)下载数据时对下载数据去向(向什么单位传送)的控制。

2.数据下载的轨迹记载

数据下载的轨迹记载包括:①数据库下载操作人员的记载;②数据库下载时间的记载;③下载数据的原始出处的记载;④下载的数据文件对应的数据表记录数的记载。

3.校核用数据的记载

校核用数据的记载包括:①下载数据对应的数据表的历史记录数的记载;②下载和该组数据对应的数据表中若干条历史数据的记载。

2.8.2.2 数据装载的控制和轨迹记载

1.数据装载的控制

(1)进行数据装载时操作人员的控制。

(2)装载数据内容的控制。①装载数据时对装载什么业务数据的控制;②装载数据时对装载的数据文件和对应数据库表的控制;③装载数据时对装载数据记录方式(新增的、历史数据修改、历史数据校对)的控制。

(3)装载数据量和下载数据量一致性的核对。

(4)装载数据和下载数据去向一致性的核对。

2. 数据装载的轨迹记载

数据装载的轨迹记载包括:①数据库装载操作人员的记载;②数据库装载时间的记载;③装载数据的原始出处的记载。

3. 数据装载的校对

数据装载的校对包括:①历史数据记录数的校对;②若干条历史记录正确与否的校对。

2.8.3 数据交换过程中有关数据表的设计

2.8.3.1 数据交换用的数据表

(1)数据文件名称和数据库表的对应表。

该数据表是一组数据,主要是把每种数据表下载后应该起的文件名进行对应。

(2)每种业务下载数据时对应的数据来源表。

进行业务办公时,每种业务涉及的数据不可能是全部数据库中的数据表,而实际只是其中的某些表,这样在下载数据时只需从这些表中下载数据即可。记录这些业务和数据表对应的表就是本表的功能。该表只装入固定的数据,系统开发好后则不能维护;若系统扩充,由开发人员补充必要的内容。

(3)数据交换记录表。

在进行数据交换时,需要对有关数据交换的信息进行记录。记录的信息包括:数据所处的业务类别、数据表名称、下载人员、下载时间、发送数据的记录数、修改的数据记录数、校对的数据记录数、历史数据记录数、装载人员、装载时间、校对情况等内容。

数据所处的业务类别是指传送的数据是办理什么业务的数据;数据表名称是指记录了下载的数据表名称,就可以形成下载数据文件的名称。

发送的数据状态有三种：第一种是发送的新数据，第二种是发送的修改数据，第三种是发送的校对数据。

在数据库的数据表中，每条数据记录都有"发送"标志，凡没有发送过的数据都有"未发送"标志。对这种数据，在下载时要全部下载和发送，这些数据的数量就是新增数据的记录数。在发送数据以后，要把这个发送标志改为"已发送"。若是数据接收单位还要继续把这类数据接着向上或向下发送，那么接受单位接受了这些数据后其发送标志应该又改回"未发送"。最终接受单位接收了数据后，该发送标志要改为"不发送"。

在以前办公过程中由于种种原因，把有错误的数据下载发送到了其他网络的数据库中，发现后，在本数据库中进行了修改，这些修改的数据记录也是本次发送的一种数据。在数据表中有数据标志（正常、修改标志）可以对这些数据进行识别。对这些修改的历史数据下载和发送后，这个数据的数据标志就又回到了"正常"标志。

为了动态校对下载网络上数据库和接收网络上的数据库的数据一致性，在发送数据时还要发送两种供接收网络校对用的数据：历史数据记录数和校对的历史数据两种数据用于校对。

本次下载时，除新增数据外，下载数据表中原来的数据记录数量就是历史数据记录数。另外，在每次下载时还要对历史数据随机抽取 10 条以下的数据进行记录。这些数据就是校对用的数据，它的数量就是校对的数据记录数。

在数据装载时，要对"历史数据记录数"和接受数据表中的"历史数据记录数"进行比较；还要对下载的"校对数据"和接受数据表中的对应数据进行比较核对。若两种都正确，就认为下载数据表和接收数据表数据一致，在数据交换数据表的"校对情况"中填写"1"，若出现不一致的情况就填写"2"。当出现错误时要报警，并打印是数据记录数内容出错还是校对数据量出错。若是校对数据内容出错，则打印校对数据记录双方当前的内容。系统维护人员要对有关网络的数据进行认真分析和检查。

注：装载数据时，校对的历史数据，不能装载到接受数据的数据

库中。

2.8.3.2　数据记录的数据源

初始输入(或产生)数据的单位为数据源。当系统数据出现问题要进行恢复性检查时,需要从源头出发查找并以此为依据恢复所有其他数据库的数据。因此,每类数据、每条数据都要有数据源的标志,该标志是一个单位的编码。

2.8.3.3　数据记录的发送对象

对于区局向下(房管所)发送数据和市局向下(区局)发送数据,要对数据进行筛选后才能发送。就是区局只能把归属哪个房管所管理的数据发送到哪个房管所,市局也只能把归属哪个区局管理的数据发送到哪个区局。这样,在每个数据表的每条记录中就需要有一个归属管理的单位标志,也就是有一个发送对象标志,该标志也是一个单位的编码,例如区房管局、房管所。这个单位编码在初始录入(产生)数据时根据情况用不同的方法产生。能够利用其他输入的信息提取或生成的就提取生成,不能提取的要由录入人员指定。对于房管所向区局、区局向市局发送的数据,不需要这些标志;对于市局向区局和房管所发送的数据也不需要标志,例如代码维护数据。下面把每个数据表是否对发送对象进行标志、怎么标志说明如下:

(1)由下(房管所)向上(区局、市局)逐级上传 的业务数据。

土地的新增、直管公房的新增、租赁收费、租赁欠费、租赁退费、统计报表等数据只要按照顺序上报即可,不需要对发送对象进行标志。

(2)由上(市局)向下(区局、房管所)逐级下传 的业务数据。

①代码维护、道路维护:发送数据时全部往下级发送,不需要进行标志。

②任务下达:该数据表中已经有区房管局、房管所的标志。

③直管公房房改出售:该数据虽然由市局先向区局再向房管所发送,但是初始数据的临时表是在区局录入的。因此,在录入时就可以把发送对象写入数据表中。区房管局可以直接自动填写,房管所可根据宗地编号、幢号、户号决定是哪个分户,再根据该分户是哪个房管所,就能查出房管所进行填写。

(3)由中间(区局)向上(市局)和向下(房管所)传递的业务数据。

①租赁过户:区局直接填写,房管所根据宗地编号、幢号、户号决定是哪个分户,再根据该分户是哪个房管所,就能查出房管所进行填写。

②其他出售:类似房改出售。

③产权兑换:指定。

④私改退还:指定。

⑤拆迁:根据拆迁的内容就可以形成。

⑥安置补偿:根据拆迁的房管所填写。

⑦直管公房房改出售:类似房改出售。

2.8.4　数据的下载和装载

2.8.4.1　数据的下载过程

(1)在下载终端创建目录——文件夹:C:\sjxz(在 D、E 盘均可);若下载的数据要对应多个单位,在 C:\sjxz 目录下,要建立对应单位的二级目录。例如,市局可建立如下目录: 金水区目录:C:\sjxz\105;中原区目录:C:\sjxz\102;管城区目录:C:\sjxz\104;二七区目录:C:\sjxz\103;邙山区目录:C:\sjxz\106。对应的二级目录名就是对应区的编码。对于区局,可建立市局和下属房管所的二级目录。对于房管所,下载目录不需要建立二级目录,它永远对应它的区局。

(2)执行数据下载。

(3)回答二级口令,正确进入,出错三次退出。

(4)口令正确后再让下载人员指定"往哪个单位传送数据",列出可能出现的单位名称表,操作人员指定后就把发送单位、下载人员、下载时间、业务类别写到"数据交换情况记录表"中,并形成该表的"数据交换顺序号"。

(5)在 C:\sjxz(或二级目录)下创建一个以年(4 位)月(2 位)日(2 位)共 8 位的目录(当前日期)。

(6)列出业务名称,让操作人员选择要下载什么业务的数据。

(7)操作人员选择业务数据后,程序根据"每种业务下载数据时对应的数据来源表"指定该业务对应的第一个数据表。

(8)按照业务和数据表的对应表,分别处理有关需要下载的数据表:

①计算要下载的新增记录数、历史记录数、要修改的数据记录数,计算已修改的数据记录数。

②对历史记录进行随机抽取大约总记录数的1%条记录,在这些抽取历史记录的数据标志上加注为“校对”标志。

③对修改、校对的记录进行处理:把修改、校对数据记录的关键字、字段内容写入“备注”;改变原来关键字段的内容为“a1、a2、a3、…”。

(9)下载数据文件到对应目录中,按照“数据表和下载文件名称对应表”起文件名。

(10)程序指定该业务对应的下一个数据表,若没有就结束。若有,再指定业务数据对应表的下一条记录,再从(7)开始执行有关处理。

(11)一种业务数据下载结束,操作人员还可指定下一种业务继续下载,直到下载操作完成。

2.8.4.2　数据的装载过程

(1)在当前终端创建目录文件夹——C:\sjxz(D、E盘均可),与数据的下载一样,要根据情况创建二级目录。市局建立对应各区局、区局对应市局和房管所、房管所对应区局。

(2)准备好下载数据的可移动硬盘。

(3)把可移动硬盘的文件拷贝到当前终端的C:\sjxz目录下。

(4)执行数据装载。

(5)回答二级口令,正确进入,出错三次退出。

(6)自动把“数据交换情况记录数据”追加到本网络数据库中的“数据交换情况记录表”中。

(7)根据“下载单位”,程序可在C:\sjxz对应二级目录中创建年月日记录;并把C:\sjxz目录下的文件拷贝到创建的三级目录下,删除C:\sjxz目录下所有文件。

(8)填写装载人员、装载时间,拔掉下载文件的可移动硬盘。

(9)程序根据“数据交换情况记录表”的顺序,指定业务后自动指向一个数据文件。

(10)根据该表记录下载的数据文件,把数据文件追加到对应的该数据表中。

(11)修改和校对。利用“a1、a2、a3、…”的修改数据修改有关历史记录,利用“a1、a2、a3、…”的校对数据校对有关历史记录,再校对历史记录数。

校对正确填写本表的“校对情况”,并删除数据表中“a1、a2、a3、…”的记录。出现错误,首先取消装载,再按上面叙述的出错处理进行。填写“校对情况”为错误,报警,打印有关内容,执行结束。

(12)把新增数据追加到本网络的正式数据表中,程序再指定一个数据文件。若没有新增数据,结束;若有,再从(10)继续。

(13)一种业务数据文件转载结束,再继续下一个数据文件的装载。

(14)数据文件装载完成后,若是区局上传的数据,要把下载数据的业务、区局代码、该业务数据的数量、上报日期、办理环节等填写到市局的数目提示表中 。只有房改出售和过户的业务填写业务提示表,其他不用填写。这样市局就可以利用业务提示表进行审核或确认办公数据。

2.8.5 图形的下载和装载

由于图形本质上也是一种数据,所以图形的下载和装载与一般数据的下载和装载也一样需进行处理。

图形数据存放用的数据表即图形数据表 b_bg_txsjb。

图形编辑对应的业务和图形数据表对应的数据文件分别存放在“业务对应数据文件表”及“数据库表和数据文件对应表”中。

由于在图形操作编辑过程中,按照操作人员的要求,已经对图形进行了增加、修改、删除。从图形数据本身已经不能表现出这些增加、修改、删除的属性,所以在下载图形数据时要把每个图形元素的这些属性告诉下载数据,以便在装载数据后进行对应的操作。过程如下(和数据的下载、装载一样的部分省略):

(1)指定了业务为图形后,列出新增的图形元素编号(或在图形上指定),让用户确认。

(2)列出修改的图形元素编号(或在图形上指定),让用户确认。

(3)列出删除的历史图形元素编号(不能在图上指定,已经没有图了)。

(4)列出要传送的图形数据结束后,就下载数据。

图形的装载与下载一样,先把图形数据拷贝至备份的图形数据表中,然后对接收数据的图形数据表追加新记录(增加新图形);利用备份的修改数据对原来数据进行修改(修改图形);利用备份的删除数据记录的图形元素编号,删除图形数据的有关记录(删除图形)。

2.9　有关技术的研究与实现

2.9.1　MIS 和 GIS 有机集成的实现

2.9.1.1　MIS 和 GIS 集成的概念

郑州市直管公房办管理信息系统是涉及多种数据的系统。该系统管理的数据有文本数据、图形数据和图像数据,这样系统也就涉及了对数据、图形和图像的多种操作方式。建立的管理平台也包含数据库管理系统和地理信息系统平台,所采用的技术有 MIS 技术和 GIS 技术两种。由于 MIS 技术和 GIS 技术是针对不同管理对象进行不同操作的两类不同的技术领域。因此,一般情况下建立的系统,若是以 GIS 为主,则把系统建立在地理信息系统平台上,以 GIS 的操作为主,进行少量的 MIS 操作和管理。同样,若是以 MIS 为主,则把系统建立在数据库管理平台上,以 MIS 的操作为主,进行少量的 GIS 操作和管理。当前建立的是包含两种技术的系统,许多都是两者相对独立或对 MIS 操作和 GIS 操作进行简单结合的系统。这样,用户使用起来像是系统配了两张皮的感觉,在对数据管理进行操作时打开 MIS 界面,在对图形操作时打开 GIS 界面。作者认为,在计算机技术非常成熟的今天,再开发这样的系统提交给用户使用,显然不符合时代的要求。无论从用户实用性角度考虑或是从系统开发角度考虑,本系统应是一个整体,是 MIS 和 GIS

密切结合、融为一体的系统。所谓 MIS 和 GIS 的集成，不是要将 MIS 数据与 GIS 空间数据简单地联系结合，而是要将 MIS 与 GIS 有机无缝集成，使其构成一个完整的系统，即把 MIS 操作和 GIS 操作紧密结合、融为一体，做到界面、操作一体化，实现方便快捷的数据互联与互访，保持 MIS 与 GIS 数据的一致性和完整性，使图、文、表一体化。

2.9.1.2　MIS 和 GIS 集成的设计思路

MIS 和 GIS 集成有三种方法：①把 GIS 靠近 MIS 进行设计；②把 MIS 靠近 GIS 进行设计；③建造一个涵盖 GIS 和 MIS 的新平台。第三种方法显然不现实，是采用第一种方法还是采用第二种方法，具体要根据系统的功能要求、实现的难易程度来决定。

本系统主要是对直管公房管理信息进行管理，平时处理的都是数据文本信息，图形信息主要是用来显示和查询的。从办公角度来看，利用本系统进行业务办公的操作要远远超过利用图形进行显示和查询的操作。另外，从技术实现角度来说，GIS 提供的办公功能要弱于 MIS 提供的图形操作功能。所以，我们确定采用第一种方式实现 MIS 和 GIS 的集成。也就是说，系统的设计按照 MIS 格式进行，把 GIS 的功能和相关的大部分操作放置在 MIS 界面中。

2.9.1.3　MIS 和 GIS 集成的设计

(1)开发平台的统一。理论上开发平台采用什么并不影响 MIS 和 GIS 的集成，但为了系统的风格一致、维护方便，系统主要部分的开发还是建立在一种平台上为好。本系统 MIS 与 GIS 的开发都建立在 PB 开发平台上。

(2)MIS 与 GIS 的相互关联。由 MIS 中的信息可以关联地理信息中的地理要素信息，从 GIS 中的地理要素信息可以调出 MIS 中的信息。如果不是按传统的习惯，将两个特点不同的部分，一部分称之为 MIS，另一部分称之为 GIS 的话，实际上本系统就是一个完整的融为一体的系统。

(3)基础图形维护是相对独立的 GIS 操作，可以单独利用 GIS 有关平台进行。由于基础图形是整个房产管理局所有单位公用的图形，它的变更和维护是由房管局统一进行考虑的，因此本系统只是利用而不单独进行维护。若对基础图形进行维护,就可以直接在GIS平台上进行。

2.9.1.4 在MIS中对GIS操作集成的实现

除了个别的图形操作,系统的主要功能都是在MIS中实现的。这样就会产生在MIS中如何实现GIS功能和操作的问题。系统对图形的管理是采用MapInfo地理信息系统,该系统提供了许多对应的开发工具和开发控件——MapBasic、MapXtreme、MapX。另外,通用的开发工具VB、VC也可以对MapInfo进行开发。

本系统采用的开发工具主要是PB,PB对MIS的开发可以说是得心应手,而对GIS的开发则显得有心无力。如果PB能够调用MapInfo专用的开发工具和开发控件就会很容易实现PB对GIS的开发。为此,作者分析了MapInfo专用的开发工具和开发控件,发现调用MapX控件是关键;研究了调用这些开发控件MapInfo公司提供的核心资料,找到了PB调用MapX的途径,编写了利用PB调用有关MapX的模块。这样在PB的平台上,就能够任意调用MapX控件,也就是说,解决了MIS和GIS集成的关键问题,实现了MIS和GIS的集成。

2.9.1.5 系统框架的组织

用PB编写的MIS模块和对GIS操作的模块,进行系统框架组织时是非常容易实现的。我们把MIS和GIS的操作分成相对独立的两部分,所以进入系统的初始界面也由三部分组成,第一部分是MIS的办公菜单,第二部分是图形操作的功能按钮,第三部分为本系统使用的图形。如果只进行办公管理可以不打开后两部分。第一部分MIS的办公菜单中有打开图形的操作,当点击打开图形的操作按钮后,有关GIS的操作和图形也就呈现在界面中了。

2.9.2 系统的特点

2.9.2.1 系统的实用性强

本系统是紧密结合郑州市直管公房管理实际情况进行设计和开发的,从设计到编程的每一步都是在和用户进行充分协商的情况下进行的。特别是在试用阶段,对用户试用发现的问题和不方便之处都经过了反复修改和逐步完善。操作人员所用的程序模块都是作者和计算机技术人员多次总结、协商的结果，因此本系统功能齐全，覆盖面广（涉及了直管公房管理的所有工作），实用性强，界面良好，操作使用方便，完全满足了郑州市直管公房管理的需要。

2.9.2.2 系统的分析思路正确、设计合理

本系统的分析中充分考虑了在多个独立网络上联合运行使用系统的特点。系统的数据库设计、图形库设计、数据交换设计和功能模块设计都是根据这个特点进行的，从而实现了系统使用的可行性和运行的可靠性，也保证了所有网络数据库和图形库的一致性与完整性。因此，系统分析思路是正确的、设计是合理的。

2.9.2.3 系统所利用的技术全面

系统利用了网络技术、数据库技术、地理信息技术、条码技术等多领域的计算机技术。这些技术的联合应用提高了该系统开发的技术含量。

2.9.2.4 实现了MIS和GIS的有机集成和无缝连接

由于本系统的程序是利用一种开发平台，所以能够将MIS与GIS进行有机的集成，无缝连接，从而使其构成一个完善的整体系统，即做到界面、操作一体化，实现方便快捷的数据互联与互访，保持MIS与GIS数据的一致性和完整性，使图、文、表一体化。

2.9.2.5 系统的容错、纠错能力强

容错、纠错能力是保证系统稳定、可靠运行，具有可用性强的前提。本系统在这些方面做了下列工作：在设计中充分利用了大型数据库具有的保证数据一致性和完整性的功能，不但实现了直管公房各类数据的关联，也防止了数据错误的发生。在含有数据输入的用户界面中，除提供了输入数据选择功能外，还对数据项的取值规则和数据间的逻辑关系进行校验，提高了系统的容错和纠错能力。

2.9.2.6 系统的安装、维护方便

本系统的用户遍布整个郑州市市区，若运行起来，维护的工作量是比较大的。另外，用户的水平、层次也相差很大。因此，对系统维护的要求就是简捷。在设计和编程实践中，我们都对此进行了充分的考虑，

实现了系统维护的简捷。例如,在用户框架组织方面,三级用户都是一个框架结构,系统利用级别、权限和角色对用户进行区别;在安装程序系统方面,安装程序就可以根据级别安装形成不同使用系统;在系统编译方面,按照主要的模块进行编译,形成若干个程序执行模块,只要把出现问题的模块修改后重新编译,用户把修改后的模块邮件拷贝到运行的计算机中即可。

2.9.2.7　系统的应用范围

本系统软件的设计与开发都是依据国家和行业的有关规范及标准,无论是管理业务还是运行环境,系统都具有较强的适应能力,稍做加工修改,就能成为一个能够在其他城市推广应用的直管公房管理软件产品。

第 3 章 GIS 在环境管理中的应用

3.1 概 述

近年来,经济的迅速发展,人口的急剧增加,工业的高速发展,各类企业的大量增加,在导致水土资源大量减少的同时,也造成了严重的水土环境污染。工业废气和汽车尾气造成的大气污染也日益严重。环境管理 GIS 应用系统的建设对区域环境管理的科学化,改善和提高区域环境质量,实现区域可持续发展意义重大。各地环境保护部门十分重视运用信息技术提升环境管理水平和改善环境决策。通过持续的信息化建设,已经拥有了较为完善的网络基础设施,建立了环境管理的业务平台,实现了环境监测、污染源管理、项目建设的环境评估审批、数据交换、数据自动采集等的信息化作业,极大地提高了管理的水平和效率。

为了有效地防止环境污染,实现经济和社会的可持续发展,河南省环境保护厅决定开发河南省自动监测地理信息分析显示系统,用地理信息技术(GIS)、全球定位技术(GPS)以及现代通信、网络、计算机技术,建立能够满足全省的环境信息动态监测、查询发布、分析等功能的地理信息平台,为环境评估、环境规划、污染控制、污染紧急事故处理等工作提供现代化的手段。

环境管理具有复杂性和动态性的特点,涉及多部门、多地区和多领域,需要综合处理大量的数据。而在此基础上,还要采用各类分析方法使隐藏在错综复杂关系下的众多因素变得清晰,并随条件的改变而动态变化,通过模拟使决策人员看到结果。对于这些复杂的分析过程,需要有交互式操作和具有可视化环境的地理信息系统来支持。

为了实现对管理与数据采集的信息化和智能化建设,同时保证系统对将来应用和已有支撑软件的支持与兼容,需要构建一个具有前瞻性、稳定性强和可用的智能信息系统。环境保护行业的信息化建设是一个庞大的系统工程,应根据目前应用的紧迫性和可操作性,进行分步骤、分阶段,逐步的推广和建设,并由基础资源信息化向智能需求预测和决策支持方向发展。

3.2　系统需求分析

3.2.1　系统现状

河南省环境保护厅局域网已经建设完毕,主数据库服务器一台,备用数据库服务器一台,均为 DELL 6650。

已经配置 ArcInfo 9.0 系列部分产品,包括 ArcGIS Spatial 空间分析模块、ArcGIS 3D 分析模块、ArcIMS、ArcSDE 和 ArcGIS Engine。

已经配置 Oracle 9i 数据库。

3.2.2　功能需求

(1)实现全省废水、废气重点污染源,水质、大气自动监测站,各种监测断面监测数据的全厅内部局域网内所有计算机的动态查询。

(2)建立全省重点污染源、入河排污口、河流水质自动监测站(断面监测)之间的水质污染扩散模型,根据河流水质自动监测站水质变化,通过水质污染扩散模型,寻找违法排污的企业;根据重点污染源变化情况,模拟相关监测断面水质变化情况。

(3)建立全省突发性废气高架重点污染源、地面污染源污染事故的污染扩散模型,实现对突发性污染事故的动态监控,为环境管理提供决策依据。

(4)开发的系统要包含所有地理信息系统的基础功能,包括符号库制作、地图编辑、查询显示、空间分析、网络分析、空间测量、地图制作、地图输出和三维地理信息显示分析等功能。

(5)在省环境保护厅局域网内的任何一台机器上都可以查询所有环境信息,包括各种动态监测数据,可以分析每个监测断面控制的区域、每个排污口相关的污染源,并分析监测断面之间的关系模型。

(6)突发性废水污染事故应急预案要求具有初步的指挥和监控功能,能够利用 GPS 导航定位系统指挥工作人员快速到达现场,并可以把具有经纬度信息的现场照片拍摄传回省厅,显示在大屏幕或电脑上。

(7)导航定位系统要求有全省 1∶10 万电子地图、地市 1∶1万电子地图和所有监测点数据,要求定位精度在 10 m 以内,具有通信功能和车辆导航功能。

3.2.3　数据需求

数据库建设包含以下数据内容:

(1)1∶10 万电子地图(含 DEM)要求成图时间在 2003 年以后,全省 160 多幅电子地图要求统一规格,并实现与其他比例尺电子地图的无缝拼接。

(2)18 个城市的 1∶1万电子地图要求成图时间在 2003 年以后,并且能无缝融入 1∶10 万电子地图中。

(3)所有水质监测自动站、空气监测自动站、省控重点污染源、河流水质断面、入河排污口需要野外测量,定位精度在 5 m 以内。

(4)现有环保系统各类规划、区划图有纸质的,也有电子版的,均要录入到地理信息系统中,并以电子地图为背景显示。

3.2.4　系统性能需求

系统性能需求包括:①支持海量数据管理;②支持网络化环境和数据并发访问;③环境数据和信息要安全;④支持大数据量的网络传输和数据交换。

3.2.5　其他需求

(1)软件体系要求:采用多层结构,并要求把中间层,即中间件服务层包装良好,地理信息的所有通用模块都要用中间件形式开发。

(2)软件开发平台:地理信息编辑和管理工具采用 ArcInfo 9.0,地理信息发布平台采用 ArcGIS Server 9.0 结合 IIS,数据库管理平台要求基于

Oracle 9i,并采用 ArcSDE 9.0 进行空间数据库的管理,开发工具要求采用 Visual Studio. NET 结合 ArcGIS Engine 9.0,软件要求 B/S 结构。

3.3　系统建设任务

水质自动监测地理信息分析显示系统的建设包括数据库设计和应用系统建设。

数据库设计根据“统一规划,逐步建设”的原则,在方案设计时不仅要考虑近期目标,同时要考虑远期目标。

实现全省数据共享、资源共享;要充分考虑系统的可扩展性,保证系统将来能够推广到全省的各个地市,并和各个部门的业务系统无缝连接;要充分考虑功能的可复用性,保证前期建设的子系统、功能模块将来能够用于各个地市、县和其他应用系统,避免重复投资、重复建设;要考虑系统结构的先进性,采用多层结构的设计,保证数据存储、数据访问、数据处理、功能调用的独立化、标准化,保证子模块的修改不影响整个系统的运行。

要建立污染源、排污口、监测站、监测断面之间的空间关系和语义关系,能够利用地理信息分析功能建立它们之间的关系模型。

要建立空间数据库,作为各个专题图层的属性数据库,接入现有相关的环境监测数据库、环境规划与功能区划数据库、污染源数据库等;并要建立相关的元数据库。

各种编码要求符合国家基础地理信息和环境保护的标准。需对如下数据进行采集与建库:

(1)购置全省 1∶10 万或以上精度电子地图、18 个省辖市区 1∶1万或以上精度电子地图。

(2)全省河流水质监测自动站(包括国家、省建自动站和简易站)准确测量定位并建立专题图层;建立全省地表水水质断面、责任目标断面、饮用水源地、河流水质状况、城市空气质量数据显示等专题图层。

(3)根据各河流水质断面数据,动态显示各断面控制河流水质状况;根据各空气制动站数据,动态显示各城市空气质量状况。

(4)全省城市空气监测自动站准确测量定位并建立专题图层。

(5)省控重点污染源准确测量定位并建立专题图层。

(6)全省所有入河排污口准确测量定位并建立专题图层。

(7)全省环境统计 4 000 多家重点污染源准确测量定位并建立专题图层。

(8)环境保护系统水质功能区划、饮用水源保护区、自然保护区、生态保护区、噪声控制区、二氧化硫控制区等专题图层制作与显示。

应用系统建设详见 3.5.1 系统组成。

3.4　系统总体设计

3.4.1　系统设计原则

为保障系统建设的健康、快速发展,系统建设必须遵循以下原则:

(1)规范性原则。按照国家或相应的技术标准进行系统建设。

(2)实用性原则。满足管理和决策的业务需求,提高工作效率及决策的科学性。

(3)安全性原则。整个系统所采用的安全机制具有较高的安全可靠性,业务数据访问上提供可靠的加密、授权设计。

(4)可靠性原则。系统运行稳定可靠,容错能力强,不因错误操作等出现停机和系统崩溃等问题。

(5)开放性原则。系统符合国际标准和业界标准,可以与其他相关系统联网和通信,支持标准的应用开发平台,具有良好的移植和扩展能力。

(6)可扩充性原则。系统具有良好的可扩充能力,根据不断变化、增长的业务需要,可以很容易地增加数据库服务器、应用服务器和客户端应用能力。

(7)在设计系统时,除应遵循上述原则外,还应遵循以下原则。①明确近期和长期目标,突出重点,分步实施;②注重数据库建设与现有应用系统的结合;③注重数据更新维护机制,以保持数据的现实性。

3.4.2　系统设计思想

3.4.2.1　贯彻开放式的思想和一体化的应用解决方案

系统在保持功能相对独立的同时，还要从纵向上考虑它是全省乃至全国环境信息化的有机组成部分。同时，可以预见，随着应用的深入，系统将会不断扩展、深化。因此，系统在应用体系结构和技术组合方面，必须保证具有良好的扩展性和集成性。为达到这个目标，在系统设计之初，就要贯彻开放式的思想和一体化的集成思路，数据的共享和功能互操作等是重要的设计因素。

事实上，开放性为各种应用系统的集成提供了可能。系统的一体化集成体现在数据和应用两个层面，工业标准的关系型数据库 SQL Server 和 GeoDatabase 的概念使得数据的集成真正成为现实。在系统中，空间数据、属性数据及业务数据都集中存储在同一个关系数据库中，通过元数据进行描述，实现数据的统一管理，从而达到数据集成的目的。另外，将来还可以在此基础上，通过图文一体化技术、数据交换平台技术和网络通信技术，使本系统得以和其他应用系统进行关联和耦合，从而在更大的信息应用范畴中充分发挥作用，为政府的相关决策提供辅助支持。

在解决方案中，开放性和一体化的设计思路体现在如下多个层面：

(1)软件平台的选型。选用 ArcGIS 和 SQL Server 等当今主流平台，为系统的扩展提供基础平台层面的技术保证。

(2)系统数据库的设计。遵循 OpenGIS 标准，采用开放式设计来建立空间数据库，注重对空间数据和非空间数据的描述和组织，实现统一的存储和管理，系统的数据格式在国家和行业标准基础上扩展，同时提供多种数据接口。

(3)功能的实现。基于组件式技术开发，基于用户行业应用需求和应用知识，提供各种应用接口，保证系统的扩充能力。

(4)应用软件接口。系统注重接口的设计，充分考虑本系统与其他系统的无缝连接，采用面向对象技术，利用事件驱动和封装的思路为应用软件提供接口。

(5)系统的标准化建设。系统的标准化建设是整个系统成功和可持续发展的关键所在。通过提供数据和功能交换与访问接口,为实现数据在各级同构、异构应用系统间的交流与共享提供方便和保障。

总之,系统全面贯彻执行开放式的思想和一体化的集成思路,使系统具有很强的适应能力、扩充能力和应用集成能力。

3.4.2.2 建立灵活实用的数据更新维护机制

真正合理的数据更新维护机制是信息系统,特别是基于 GIS 的信息管理和应用系统可持续发展的关键所在。

通过特有的数据处理技术,实现数据动态更新和历史库管理。结合省环境保护厅的实际,从管理上建立健全一整套数据更新维护流程及配套管理措施。通过技术加管理的方式,建立并实现灵活实用的数据更新维护机制。

3.4.2.3 以数据为基础,为决策提供辅助支持

现行的诸多信息系统以非面向业务设计为特征,多数以面向数据管理为设计出发点,使得系统的智能化、可维护性不高,同时,系统的可扩展性、兼容性都不好,不能满足污染源监测和环境管理信息化建设的要求。

系统信息建设的出发点与归宿应该是解决实际的业务管理和辅助决策问题,数据是业务管理和辅助决策过程所需要及产生的信息。因此,系统建设"以管理为中心、以业务为导向、以数据为基础,为决策提供辅助支持"。

3.4.2.4 贯彻面向对象的软件工程方法

在软件开发技术中,面向对象的软件开发技术成为当今主流。本系统建设与开发将采用面向对象的软件工程方法,包括面向对象的分析方法、面向对象的建模技术、面向对象的编程技术,严格按照软件工程的思想和技术要求进行项目需求分析、系统设计、编码、测试和维护、质量控制和项目的管理与监控,项目进行的各个阶段都能够提供完备翔实的文档资料。同时,严格按照软件工程的要求进行系统建设的规划、管理、开发、风险跟进及规避。

在软件分析过程中,采用面向对象分析方法(OOA),使用 Rational

Rose或Microsoft Visio等计算机辅助软件工程工具(CASE)。在系统设计和建模过程中,采用面向对象的软件设计方法(OOD),遵守统一建模语言(UML)的标准规范。在软件开发过程中,采用面向对象的编程方法(OOP),使用面向对象的Visual C + +、Visual Studio. NET等编程环境和面向对象的COM组件开发技术。

3.4.3　系统结构

3.4.3.1　系统架构

系统依托省环境保护厅内部局域网络,采用地理信息系统技术、空间数据库技术,建立准确、全面、规范的地理信息系统,使环境保护信息与空间信息的管理融为一体,多层次、全方位直观地显示相关信息,提高区域环境管理的科学化。

系统架构如图3-1所示。

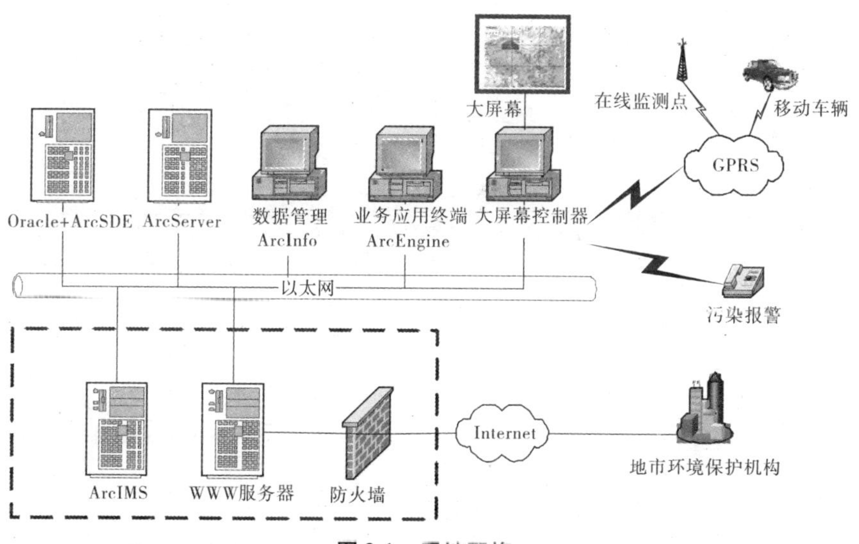

图3-1　系统架构

本系统采用C/S和B/S的混合模式来组织,在局域网内部采用C/S模式,以便于内部管理与提高工作效率,数据服务器放在局域网的数据中心,采用Oracle和ArcSDE管理数据,各职能部门通过局域网访问;地市级环境保护机构以Internet为连接骨架,采用ArcIMS发布地理信息,并提供数据更新服务;系统与GSM/GPRS进行网络联结,实现监测信息和车辆定位信息的实时传输,为污染突发事故提供应急信息通道。

3.4.3.2 体系结构

系统采用三层结构:数据层、服务层及应用层,当然还需要硬件和操作系统的支持,如图3-2所示。

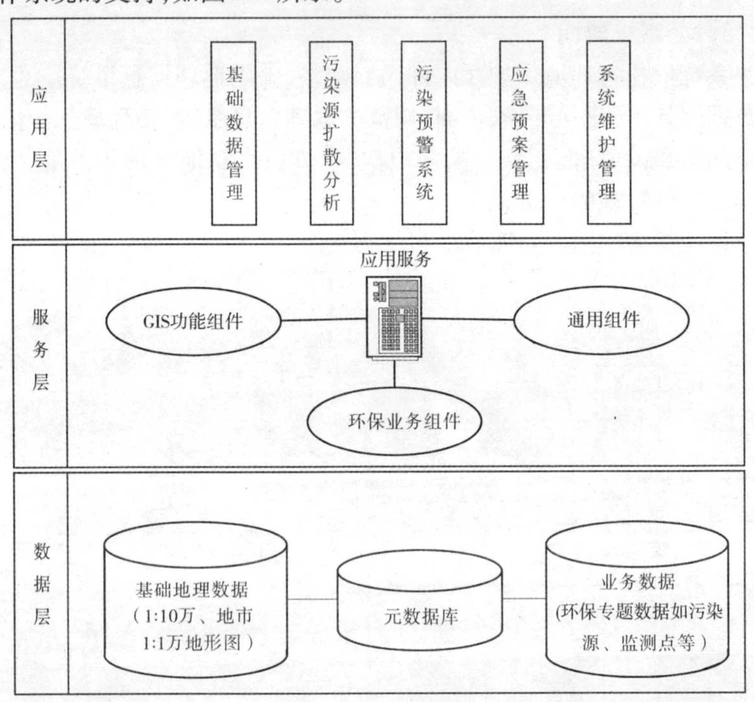

图3-2 系统体系结构

数据层即提供数据服务层,数据由基础地理数据和业务数据(环保专题数据如污染源、监测点等)以及与它们相关的元数据库组成,每类数据又由空间和非空间数据库组成,分别由DBMS(Oracle 9i)直接管理和空间数据库引擎ArcSDE管理驱动,对空间数据库的访问通过

ArcSDE 进行。

服务层也称为业务逻辑层，主要由一些组件组成，如 GIS 功能组件、环保业务组件、通用组件等。

应用层是与用户交互的界面，负责从用户方接受命令、请求、数据，传递给服务层进行处理，实现用户—应用层—服务层—数据层的数据交互。根据客户端的不同，大体上可以将应用层的应用程序分为 B/S (Browser/Server)结构和 C/S(Client/Server)结构。

3.4.3.3 软件平台

地理信息平台建议采用 ArcGIS Server 9.0，ESRI 公司的 ArcGIS 系列软件产品从低端到高端具有很好的扩充性，提供了一个可伸缩的解决方案。ArcGIS 系列软件可以分为客户端软件和服务器端软件，不同的客户端软件配合不同的服务器端软件可以组成功能不同的系统。

1. 客户端软件

客户端软件可以分成两大类，即 AO 客户端和 ArcIMS 客户端。

AO 客户端配合 ArcSDE 以及后台数据库，可以构建出功能更强大的 GIS 系统。AO 是 ArcObjects 的缩写，它是一个组件库，包含近两千个 COM 组件，客户端产品 ArcView、ArcEditor、ArcInfo、ArcEngine、ArcGIS Server 都是基于 ArcObjects 这个组件库开发出来的。对 ArcObjects 进行开发，用户可以用通用的编程语言，例如 VB、VC、Delphi 等。ArcView、ArcEditor、ArcInfo 三个客户端软件在 ArcGIS 中被称为桌面产品，其功能由弱到强。

ArcView 定位在桌面制图软件的范畴内，能够对 Shape 文件进行灵活多样的编辑工作，并且能够进行拓扑校验和拓扑编辑，同时具有浏览、查询等基本的 GIS 软件功能。

ArcEditor 在 ArcView 具有的功能基础上增加了对 Coverage 数据和 Geodatabase 数据的编辑能力，其定位在空间数据维护的角色上。使用 ArcEditor，能够对存放在 SDE 数据库中的各种数据进行编辑修改，或者定义新的数据模型和修改已有的数据模型，同时增加了大量的编辑工具，其中包括拓扑编辑工具。

ArcInfo 在 ArcEditor 功能的基础上增加了多种空间分析、多种数据转换工具以及老的工作站运行环境，是一个全功能的 GIS 软件。ArcInfo 是 ArcGIS 桌面系统产品中的旗舰。它是 ArcGIS 桌面系统中功能最齐全的客户端。ArcInfo 提供了 ArcView 和 ArcEditor 中的所有功能。除此之外，它在 ArcToolbox 中提供了一个综合的工具集合，这些工具支持高级的空间处理和多边形的处理。传统经典的工作站的应用也由 ArcInfo 的工作站提供，比如 ArcPlot 和 ArcEdit。由于增加了高级空间处理功能，ArcInfo 成为一个完整的 GIS 数据创建、更新、查询、制图和分析的系统。

ArcGIS 桌面产品还有一系列的扩展模块，称为 ArcGIS Extensions，是 ArcGIS 软件针对不同行业应用的专用模块，这些模块的运行是在 ArcView、ArcEditor、ArcInfo 桌面产品上的。目前，针对公安行业较为常用的扩展模块包括 Survey Analyst、ArcPress、ArcGIS Publisher、ArcScan、MrSID Publisher。

ArcIMS 客户端则包括普通的 HTML 浏览器和 Java 浏览器。我们最常用的 IE 浏览器就是 HTML 浏览器；Java 浏览器则是在普通浏览器中加入一个 Java 插件，使其能够运行 Java 小程序。在 ArcIMS 客户端能够对 ArcIMS 发布出来的地图进行各种基本的 GIS 操作。

2. 服务器端软件

ArcGIS 软件家族的服务器端软件包括 ArcSDE、ArcIMS 和 ArcGIS Server。

ArcSDE 的中文名称是空间数据库引擎，可以把 ArcSDE 理解为在客户端和数据库之间的网关，客户端通过 ArcSDE 去访问后台数据库。通过 ArcSDE 管理空间数据，能够保持数据的空间连续性和要素的一致性，还能够大大提高数据的访问效率，同时实现一些高级的空间数据管理功能，例如多用户并发访问、GeoDatabase 空间数据建模等。

ArcSDE 能够让同样功能在所有的 DBMS 上得到实现。尽管所有的关系数据库都支持 SQL，并能使用相似的方法处理简单的 SQL，但是不同数据库的数据库服务器实现细节却有着显著的差别。这些差别包括性能和索引、支持的数据类型、集成管理工具和复杂查询的执行，还包括在 DBMS 中对空间数据类型的支持。

标准的SQL并不支持空间数据。ISO SQL/MM Spatial和OGC的简单要素SQL规范扩展了SQL,并且为不同的矢量数据定义了标准的SQL支持。DB2和Informix直接支持这些SQL类型。Oracle使用的是自己的标准,其空间类型系统是核心数据库系统上的一个独立的可选扩展。而微软的SQL Server不提供空间类型的支持。ArcSDE不但灵活地支持了每个DBMS提供的独特功能,而且能为底层DBMS提供它们所不具备的功能的支持。ArcSDE是为了解决DBMS的多样性和复杂性而存在的。ArcSDE的体系结构给用户提供了巨大的灵活性。它允许用户自由地选择DBMS来存储空间数据。

ArcIMS则被称为Internet GIS Server。简单地说,ArcIMS能够很方便地把空间数据发布到Internet/Intranet上,用户可以在浏览器或者其他客户端中浏览、查询甚至分析这些发布出来的地图,实现各种GIS功能。ArcIMS还能够对元数据进行发布,这样,用户可以在地图网站上查询他想要的满足查询条件的数据,在全球范围内建立一种数据共享的机制。

ArcIMS是一个通过中心网络门户来发布GIS地图、数据和元数据的有效解决方案。使用ArcIMS构建的GIS网站允许任意数量的用户通过Internet或Intranet进行访问。

ArcIMS使网站能够提供GIS数据、交互式地图、元数据目录以及特定的GIS应用。通常,ArcIMS用户通过他们的Web浏览器,借助ArcIMS内含的HTML或Java应用程序来访问这些GIS服务。除此以外,ArcIMS服务还能够被更多的客户端访问,如ArcGIS Desktop、ArcGIS Engine应用、ArcReader、ArcPad、ArcGIS Server节点、MapObjects for Java应用以及各种使用HTTP和XML进行网络通信的无线设备。

ArcGIS Server是新一代以服务器为中心的GIS。ArcGIS 9.0最显著的体系结构的改变是推出了ArcGIS Server。在ArcGIS 9.0之前,高级的GIS功能仅仅是在桌面端提供。客户/服务器的计算技术提供了对数据库中通用数据的共享访问功能,而Internet计算技术允许数据发布到Web上进行访问;然而,这还不足以支撑建立一种集中式管理的以网络为核心的基于服务器的全功能GIS系统。而这正是ArcGIS

Server 所扮演的角色。在 ArcGIS 9.0 的开发过程中,ESRI 重新构造了 ArcGIS 平台的核心,使之适宜运行在服务器端,适宜运行在全部主流服务器平台(Windows、UNIX 和 Linux);支持全部通用开发环境(.Net、Java、COM、C++);包含全部当前在 ArcGIS 桌面中提供的强大的制图、查询分析以及地理编码能力。ArcGIS Server 9.0 主要是为企业级信息系统的开发商/集成商而设计的,他们希望在客户/服务器或者 Web 服务环境下构建一个服务器端的 GIS 应用。这是对 ESRI 两个其他企业应用服务器的一个补充:一个是 ArcSDE——基于商业数据库管理系统(DBMS)提供对空间数据的访问;另一个是 ArcIMS——用于大量的基于 Internet 的空间发布。

3. 系统配置说明

从用户的应用需求出发,综合考虑数据量、技术需求等诸多因素,建议采用 C/S 和 B/S 结构相结合的系统架构,从而实现空间数据的最大程度共享,最终建成一个资源共享、灵活延展的实用的 GIS 系统。

本着资源共享和合理投资的原则,建议配置以下软件:

数据管理中心使用 ArcInfo 进行数据库的管理和维护,因为ArcInfo 可对 Coverage 及 GeoDatabase 空间数据进行交互编辑,对 GeoDatabase 的结构进行定义和修改,主要面向那些对空间数据的交互编辑、数据组织、数据管理具有特别需求的客户端。而 ArcInfo 拥有强大的空间分析功能,同时还有许多数据转换和投影变换功能。另外,ArcInfo 增加了对计算机辅助软件工程工具的支持,可以方便同时也是工程化地对空间数据模型进行定义和扩展。

对于 ArcInfo 的开发,可用内置的 VBA 或 VB、VC++等开发平台进行二次开发,能够保证系统的资源共享及资金的合理利用。

针对大量的普通用户,可以采用基于 ArcEngine 客户端的 AO 组件库开发分布式的 GIS 系统,对 AO 进行开发,用户可以用通用的编程语言,例如 VB、VC、Delphi 等进行开发。也可以采用 ArcGIS Server 开发集中式的 GIS 系统。由于 ArcGIS Server 支持 Coverage、Shapefile、ArcSDE 图层和 ImageLayer,支持 AutoCAD 13、14 及 AutoCAD 2000 的 DXF、DWG 格式数据,支持 ODBC 和 ADO 访问数据库,同时也支持完全概念的 GeoDatabase 的功能。因此,用 ArcGIS Server 能够开发出多源数据集成的基于数据库系统的 GIS 软件。该方式适合多用户、大数据量、多数据源的应用,是真正意义上的 B/S 方式的 Web GIS 系统。ArcGIS Server 同时支持 Java 和 . Net 开发方式,支持主流的应用模式(限于地理信息应用功能要求,建议采用前者)。

利用 ArcSDE 数据库构建 GIS 系统,将所有的空间数据和属性数据都存放在数据库中,通过 ArcSDE 来管理空间数据,实现空间数据的连续性和一致性,并且继承了数据库的安全性、稳定性等特性,允许多用户并发访问。

同时,可以建立一个基于 Internet/Intranet 的 Web GIS 站点,及时地将各种 GIS 成果和数据发布出去,实现岛内岛外信息互通。各级领导以及其他相关人员可以通过 Internet/Intranet 以浏览器的方式访问系统数据。因此,可以采用 ArcIMS 发布地图数据,客户端用普通的 IE 浏览器浏览和查询所需的数据。

本次方案建议的地理信息平台配置清单有:①ArcSDE 9. 0 空间数据管理引擎 1 套;②ArcGIS Server 9. 0 地理信息数据服务平台 1 套;③ArcGIS Engine 9. 0客户端开发工具 1 套;④ArcIMS 9. 0 地图发布服务平台 1 套;⑤ArcInfo 9. 0 数据维护管理终端 1 套(含 3D 扩展模块和空间分析扩展模块 1 套)。

3. 5　应用系统功能设计

3. 5. 1　系统组成

根据用户需求,我们设计了河南省水环境自动监测地理信息分析显示系统,系统组成如图 3-3 所示。

3. 5. 2　基础地理信息系统

根据用户需求,我们将基础地理信息系统划分为如下几个子系统:

(1)地理信息采集与编辑子系统。

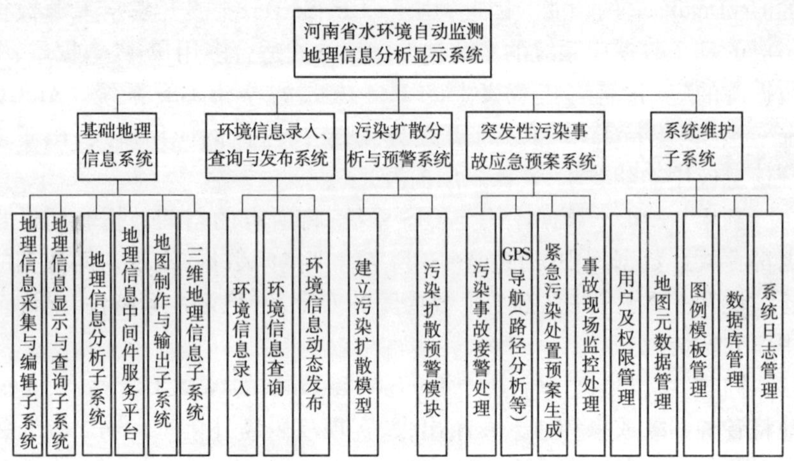

图3-3　系统组成

(2)地理信息显示与查询子系统。

(3)地理信息分析子系统。

(4)地理信息中间件服务平台。

(5)地图制作与输出子系统。

(6)三维地理信息子系统。

3.5.2.1　地理信息采集与编辑子系统

1. 符号库设计

实现地图符号库的管理以及地图数据符号化处理功能。符号库的设计与编辑应该遵循国家标准,采用ArcGIS体制,设计并建立以下符号库:

(1)点符号库。按国家测绘标准及环境保护相关标准制定点符号库。

(2)线符号库。按国家测绘标准及环境保护相关标准制定线符号库。

(3)面符号库。按国家测绘标准及环境保护相关标准制定面填充符号库。

(4)对于特定的符号如河流的陡坎等系统无法自动处理的符号,

要在程序中实现。

符号库的设计如图3-4所示。

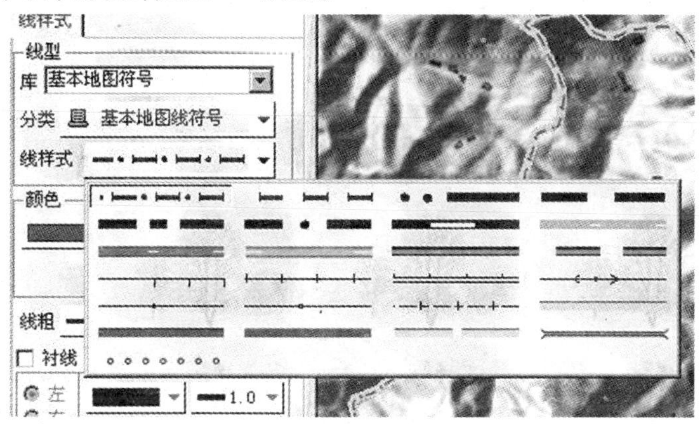

图3-4 符号库的设计

2. 数据的输入、输出与编辑

数据的输入、输出与编辑包括全省河流水质监测自动站(包括国家、省建自动站和简易站)、全省城市空气监测自动站、省控重点污染源、全省各类河流水质断面、全省所有入河排污口和全省环境统计4 000多家重点污染源,具体功能包括以下内容。

1) 图层创建

(1) 创建新的点、线、面图层。如多边形文件,分别为大气功能分区、水功能分区、噪声功能分区、综合功能分区、陆域环境功能分区、海域环境功能分区、产业功能分区。

(2) 创建新图层的属性结构。

2) 图层编辑

(1) 通用的编辑功能,如多图层节点、顶点、边咬合,调节顶点位置。

(2) 显示属性表添加属性信息。

(3) 功能区划专题图叠加道路、河流、街道及其标注输出。图中包括标题、图例、比例尺、方里网、制作单位人员、制作时间。

图层编辑见图3-5。

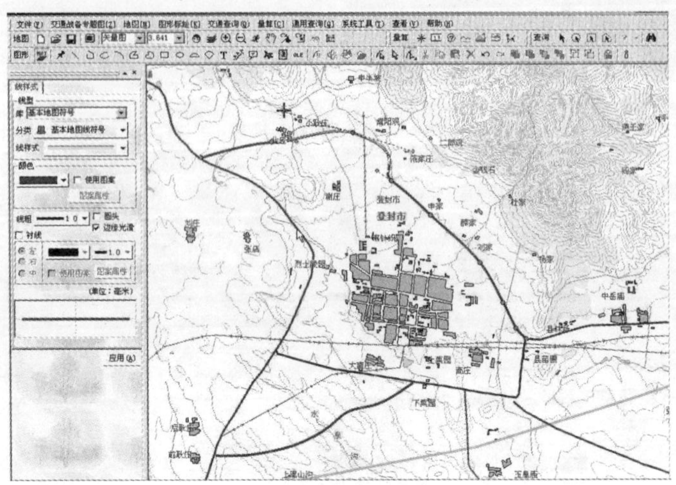

图 3-5　图层编辑

3) 数据输入、编辑与删除

(1) 污染源信息的输入、编辑与删除；监测点信息的输入、编辑与删除；污染源监测信息的输入、编辑与删除；环境质量人工监测的大气、降水、地表水、各类噪声监测汇总数据的输入、编辑、删除；手工输入监测点位或编码，输入监测日期、输入 SO_2、NO_2、NO_x、总悬浮颗粒物、降尘（包括可燃物百分含量）、硫酸盐化速率、氟化物、铅的测量值。

(2) 输入降水的监测项目。

(3) 自动监测，大气自动监测子站接收到的数据（data. txt）的读入、编辑、删除；对异常数据进行提示，显示站名称、编号、日期、项目、测量值信息，根据用户的提示继续进行或退出；将异常数据形成单独的文件。

4) 数据输出

(1) 污染源信息输出。

(2) 污染源监测信息输出，包括以下几种方式：任意时间段指按年、季度、月、日；单项或多项指 SO_2 为单项查询、SO_2/NO_x/TSP…为多项同时查询；生成监测报告。

3. 数据转换

可以实现国际上一些常用数据格式的转换，如 ArcInfo、MapInfo 和本系统之间的数据转换。具体包括以下内容：

(1)数据导入。①对历史的环境数据(Excel)提供数据导入功能；②导入 Mif 为 Shp；③导入 Dxf 为 Shp；④导入 Dgn 为 Shp；⑤导入 Mif 为 GeoDatabase；⑥导入 Dxf 为 GeoDatabase；⑦导入 Dgn 为 GeoDatabase。

(2)数据导出。①图层导出为 Dxf；②图层导出为 Mif；③图层导出为图像(bmp、jpg 等)。

4. 坐标转换

对于采用不同投影、不同比例尺和不同坐标系的数据，系统的数据处理要实现坐标变换和数据变换。例如，有的地图数据中的城市地图数据、环境专题数据等采用的是当地城市坐标系，因此要实现城市坐标系、我国常用的坐标系(北京 54 坐标系和西安 80 坐标系)等之间的转换。

3.5.2.2　地理信息显示与查询子系统

地理信息显示与查询子系统主要包括图形显示控制、信息查询与统计等内容，地理信息显示如图 3-6 所示。

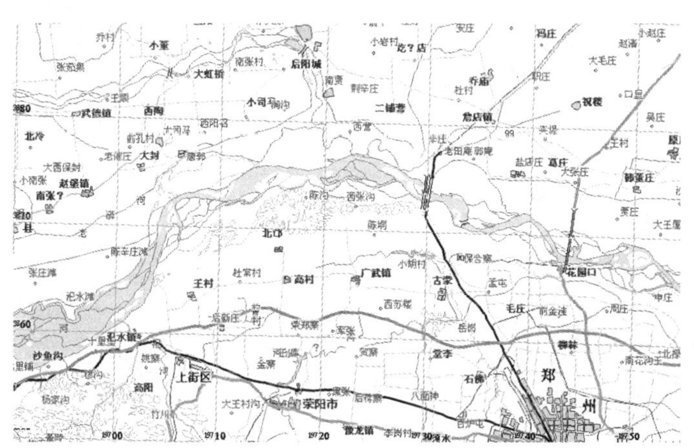

图 3-6　地理信息显示

1. 图形显示控制

图形显示控制主要包括:①图形的放大、缩小;②视图漫游;③图形快速浏览(鹰眼显示);④全图显示;⑤上一视图显示;⑥图层显示控制;⑦注记显示;⑧自动滚屏;⑨地图投影带自动切换。

我国1:25万、1:10万、1:5万、1:1万地形图按照规定采用高斯-克吕格投影,六度或三度带分带。全省区域1:25万地图30幅左右,而1:10万100多幅,地图漫游要做到大区域无缝拼接,同时要建立地图索引机制,提高地图显示的速度;要消除不同分度带的误差,做到要素间的无缝拼接,并且要实现地图投影带自动切换等。

2. 信息查询与统计

信息查询如图3-7所示。

图3-7　信息查询

信息查询与统计包括以下内容:

(1)通用查询。

通用查询包括通过图形查询其属性信息,通过属性查询其图形位置,根据各种条件进行综合查询。

(2)污染源信息查询与统计。

污染源信息查询与统计具体包括如下方式:按时间查询、按地区查询、按行业查询、按产品查询、按是否达标查询、按是否变更查询、按变更性质查询、按烟囱的高度查询、按烟囱排污类型查询、按排污去向查询、按排污规律查询、按污水是否纳管(纳入某污水处理厂、纳入某条河流、纳入不同污染处理厂)查询污染源信息,也可按能源的结构、能源替代、许可证查询污染源信息。上述方式可自由组合进行查询与统计。

(3)污染源监测信息查询与统计。

污染源监测信息查询与统计包括任意时间段查询、单项与多项查询。

任意时间段查询是指按年(如 2005),年/季度(如 2005 年第 2 季度、2003 ~ 2005 年中的第 2 季度),年/月(如 2005 年 2 月、2004 ~ 2005 年中的 2 月),年/月/日(如 2005. 3. 1 ~ 2005. 4. 30、2003 ~ 2005 中的 3 月 1 日),同一年中的月、季度等进行查询。

单项或多项查询是指如 SO_2 为单项查询、SO_2/NO_x/TSP…为多项同时查询。

(4)统计图表。

查询统计的结果可以生成如下几种统计图表:行政区、功能区、时间或项目作为横、纵轴制作柱状图、线画图;按各个行政区、各个功能区、时间段制作监测项目所占比例的饼状图、面积图;按各个行政区、各个功能区、时间段制作监测项目数值分布的散点图、最大/最小值闭合图;利用统计图反映统计项目、时间段中测量值的大小、分布、最大最小值、污染物构成比例等信息;统计图转换为 tif、jpg、bmp 格式输出。

3.5.2.3　地理信息分析子系统

地理信息分析子系统实现所有地理信息的基础分析功能模块,包括叠置分析、网络拓扑分析、空间分析、缓冲区分析、GIS 可视化分析、模型分析、监测点动态分析等。该部分通过中间应用服务实现。

1. 叠置分析

叠置分析包括以下内容:

(1)在水源保护区范围内的废水排污口信息。

(2)在大气达标区查询排气口信息。

(3)在噪声达标区查询建筑工地信息。

(4)纳入某污水处理厂的污染源信息。

(5)环境创建区内的污染源信息。

叠置分析见图3-8。

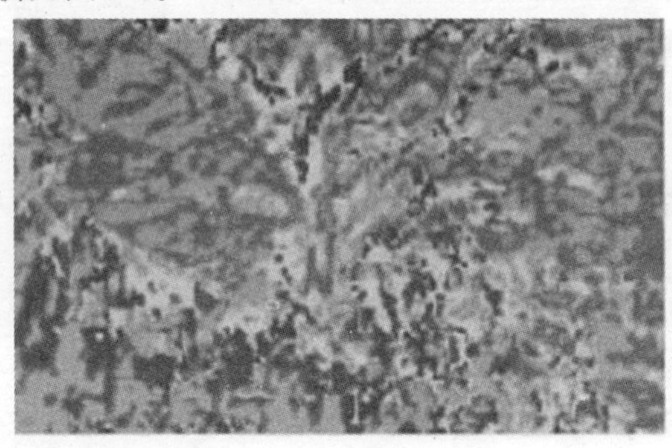

图3-8　叠置分析

2. 网络拓扑分析

一些线性地理要素,在地理世界中构成地理网络,在地理网络中形成网络流。例如,在道路网络中形成交通运输流;在河流网络中因为河水的流动,使得污染物在河流网络中扩散。因而网络分析在地理环境分析中具有十分重要的意义。

在ArcGIS中,引入了新的网络模型——几何网络模型。该模型由边和交汇点构成,网络可以进行编辑,形成拓扑关系,赋予网络边与节点属性值,按一定的规则进行网络分析。

网络拓扑分析,如污染源追踪分析,即根据水流方向、河流与排污河道或排污管的连通信息,根据水监测点的污染信息追踪上游相关的污染源信息。

网络拓扑分析如图3-9所示。

3. 空间分析

污染源的空间分析包括以下内容:

(1)根据年代生成不同年份的污染企业排污量信息(各种污染类型中的污染物),并可连续播放出来,以反映各年的动态变化。

(2)通过调整排污企业的排污量(治理、达标、变样后)生成模拟某

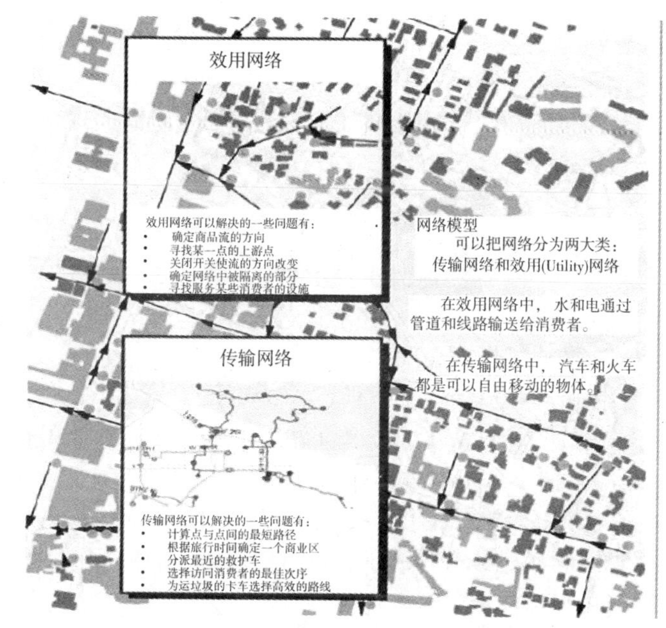

图3-9　网络拓扑分析

年份或阶段的图，与先前的结合，动态显示变化趋势。

(3)企业(按污染类型、规模等)数量、位置变化的动态显示。

(4)单个企业污染物浓度的逐年动态显示，并随年份的变化用曲线图动态显示。

4. 缓冲区分析

缓冲区分析包括以下内容：

(1)水源保护区附近一定范围内的排污企业。

(2)河流附近一定范围内的污染源信息。

(3)街道附近一定范围内的餐饮废气信息。

(4)企业一定范围内的其他污染源信息。

(5)污染源一定范围内的居民点情况等。

缓冲区分析如图3-10所示。

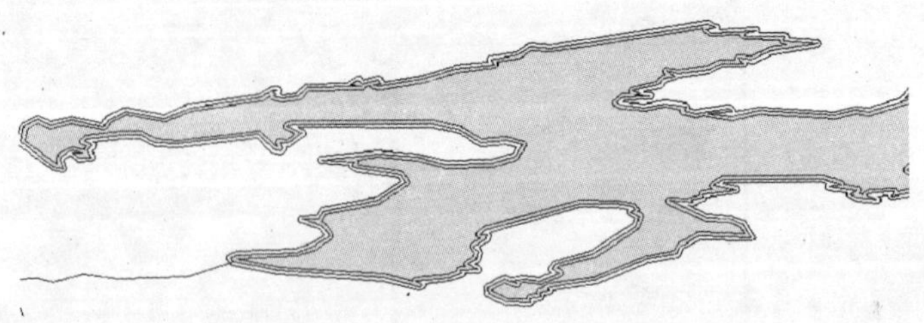

图 3-10　缓冲区分析

5. GIS 可视化分析

GIS 可视化分析包括以下内容：

(1) 显示大气自动监测站的位置分布。可以选择标注名称、代码、测量因子、测量值进行单独标注或组合标注。

(2) 显示人工监测站的位置分布。大气、降水、地表水、噪声四类监测点用不同的颜色或符号表示，可以选择标注名称、代码、测量因子、测量值进行单独标注或组合标注。

(3) 利用基础地图进行叠合分析，按行政区、功能区查看监测点污染物的构成、类型。利用功能区划图进行叠合分析，分析功能分区内监测点污染物的构成、类型。

(4) 统计分析中涉及的监测点在地图上高亮显示。

(5) 与基础地图或遥感图像叠合制图输出。

(6) 用不同的颜色或符号显示各类监测点的位置分布。可以选择监测点名称、代码、测量因子、测量值进行标注或组合标注。

(7) 利用道路、河流等线性地物查找距其一定范围内的监测信息。

(8) 利用人工描绘的矩形、圆形、任意形状查找范围内的各类监测信息。

(9) 设定时间段，显示此时间段内进行过监测的污染源、排污口的分布情况。

(10) 显示查询统计中涉及的污染源、监测点信息，了解它们的分布情况。

(11) 大气污染扩散模型。利用烟羽污染扩散模型结合常见风向，模拟分析大气污染企业的影响范围。

6. 模型分析

利用 GIS 的空间插值模型将离散的企业排污量信息(各种污染类型中的各种污染物)生成连续的图像,并可以根据浓度的大小、颜色由红到绿显示。

(1)可以人工临时调整企业的污染量信息,临时增加、删除排污企业,生成各种情况的模拟图。

(2)叠合城镇、街道、河流、道路等信息后可以制图输出。

(3)图中还可以添加对制图污染物按行政界线进行统计的表格,添加根据表格创建的柱状图和饼图等。

(4)图中包括标题、图的说明、图例、比例尺、方里网、制作单位人员、制作年月日。

7. 监测点动态分析

监测点动态分析包括以下内容:

(1)各个监测点位可以选择连续的月、季度、年的测量值动态显示各个测量因子的变化情况。根据测量值的变化用不同尺寸的符号和颜色来表示。

(2)各个监测点位可以选择间断的月(2000. 1、2001. 1…)、年的测量值动态显示各个测量因子的变化情况。根据测量值的变化用不同尺寸的符号和颜色来表示。

(3)动态显示时可以选择利用线画图同步显示所选时间段内测量值的变化趋势。

(4)动态的变化显示录制成 AVI。

3.5.2.4　地理信息中间件服务平台

为了保证系统的可扩展性,保证地理信息系统真正成为环保应用系统的基础平台,根据用户需求,设计的地理信息服务平台包括基于 ArcGIS 开发的数据访问中间件、数据编辑中间件、空间分析中间件、地形分析中间件、图形显示中间件五大类。主要实现的功能包括数据转换、数据交换、数据访问、数据编辑、空间分析、地图显示等。

3.5.2.5　地图制作与输出子系统

可以在本系统上制作各种专题图和1∶1万标准的地形图，包括直方图、饼图、网格图、分级符号图、点值图、等值区域图以及按图片格式（tif、jpg、bmp）输出等。具体功能包括：

(1) 将以前制作后保存的打印图例文件打开。

(2) 将制作好的图例文件进行保存。

(3)  与打印及打印设置相关的命令工具，依次为打印、打印设置、页面设置、页面编辑、页面放大、页面缩小。

(4)  按指定比例进行打印。

(5)  该组工具可以对打印图形进行操作，依次为整图显示、图形刷新、图形放大、图形缩小与移动。

(6)  、与均为图例编辑工具，对图廓整饰的要素进行编辑。第一组为图例选择与图例删除；第二组为插入图例、图例移动与编辑图例（修改图例参数）；第三组为移动工具（可以将多个选择物体同时进行移动），分别为左、右、上、下。这组工具仅对添加的图例有效，不能删除打印区的图形。

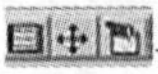

(7)  增加点、线、面及文字注记等方面的图例要素，实现图廓整饰。

(8) 退出打印预览。

3.5.2.6　三维地理信息子系统

1. 三维GIS显示

三维地理信息系统可以真实地再现监测站、排污口、河流断面的场景。在ArcGIS中，其3D分析模块通过光照模型、投影变换、消隐处理、纹理叠加等进行三维地形显示（见图3-11）。

三维地理信息显示主要利用已做好的三维地理信息景观图，或者利用遥感影像、相应地区的地面高程数据（DTM）及其他与地形有关的信息，实时生成三维地理信息场景，再现大范围地形环境。三维地理信息显示主要是使观察者能够看到实际的三维地形地貌，以弥补二维地理信息显示时缺乏立体感觉的不足。三维地理信息显示作为二维地理

图 3-11 三维 GIS 显示

信息显示的补充形式，当二维地图或影像图不能满足分析的需要时，以二维地图或影像图上的位置为索引，调出该位置的三维数据（DTM 和对应地区的遥感影像），实时生成该地区的三维地形景观，进行三维地理信息的动态显示；或者利用已制作好的三维地理信息景观图，以“图片播放”的形式再现三维地形地貌。

在进行三维地理信息地形显示时，必须考虑如下因素：

（1）能够无缝漫游和变焦显示三维地理信息地形环境。

（2）能够多角度显示三维地理信息地形环境，包括从前、后、左、右、上、侧面等多个角度观察地形的方式。

（3）能够多路径显示三维地理信息地形环境，包括“walk through”和“fly through”两种方式，路径可由作业人员交互式给出。

（4）三维地理信息地形环境显示过程中，人机交互方便、灵活。

（5）能够设置三维地理信息地形环境显示时的各种参数，包括垂直比例尺、旋转参数（如俯角范围、水平旋转角度）、光源位置（即光源的三维坐标）、视点位置（即观察者的三维坐标）、雾背景（即无雾、薄雾、中雾、大雾、浓雾等）及投影类型（即正射投影、透视投影）等。

对于大规模的地形场景，将整个数据（GB 以上字节）作为一个整体来进行 LOD 简化是非常困难也是没有必要的。因为即使进行高效率的 LOD 简化，需要渲染的三角形的数量仍然远远超出了显示硬件的容量。另外,考虑到视觉条件的限制,对大范围的飞行漫游等的应用,视野范围有限,不需要将整个数据集作为一个整体进行简化,而只需要将进入视野范围内的数据载入并进行渲染即可。

建立河南省三维地理信息场景,利用 ArcInfo 的 3D 分析模块实现光照参数设置,模拟参数设置,材质参数设置,窗口缩放、景深变化、移动漫游,三维地形的升降、比例尺变化,飞行仿真,污染扩散仿真和三维动画输出等功能。

2. 三维分析

空间环境地理分析中,大气环境、水环境等环境地理分析与地形密切相关。在数字地图中,地形主要是通过数字地形模型(DEM)来表达。在 ArcGIS 中,地形表面是通过栅格和 TIN 来表达的,栅格是应用样点值或插值获得 Z 值,用规则的格网描述表面。TIN 采用不规则的三角网上的一系列不规则的点来模拟表面,每个点上都有一个 Z 值。格网模型适合那些精度要求不太高的小比例尺的地形分析;而 TIN 模型则适合精度要求较高的大比例尺地图数据的地形分析。例如,分析坡度对水流的影响及污染物的扩散模型时,就要用 TIN 模型进行分析。

图 3-12 为 TIN 模型表示地表的例子。在环境地理信息系统中,基于 TIN 模型进行地形分析主要进行距离、面积、剖面、坡度等基本分析。

在三维地形图上,可以进行三维测量、通视分析、污染扩散仿真和三维动画输出等。

3. 量算分析

系统提供基于三维的量算分析功能,包括距离量算、面积量算和体积量算;运用水平距离测量工具,可以量测地面任意两点或多点间的水平距离;运用空间距离测量工具,可以量测地面任意两点的空间距离;运用面积测量工具,可以量测地面任意区域的面积。量算分析如图 3-13 所示。

4. 查询统计分析

系统提供对三维空间中任意对象的相关属性的查询,包括查询当前地形点参数、查询对象空间信息、查询空间关系等(见图 3-14)。

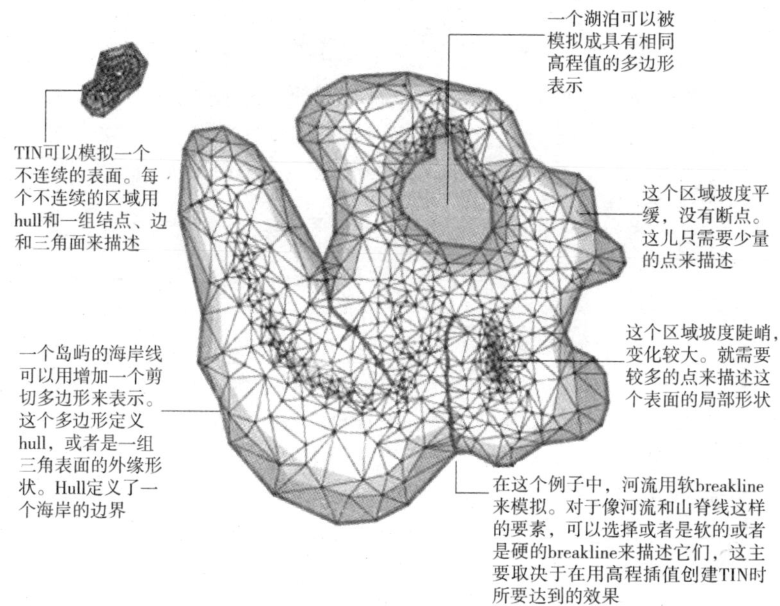

图3-12　三维地形分析

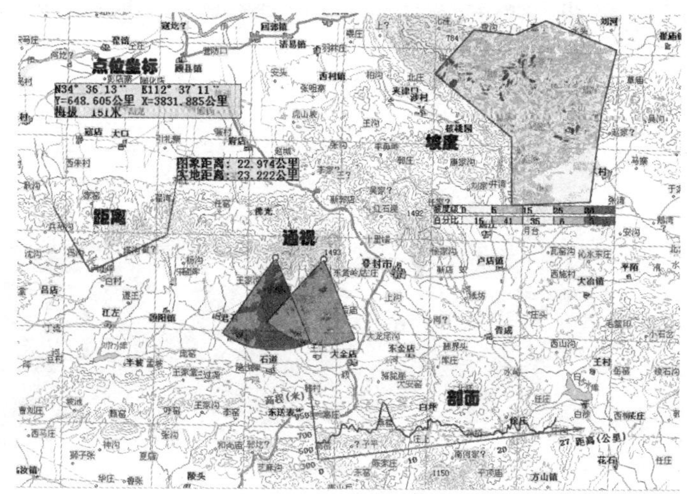

图3-13　量算分析

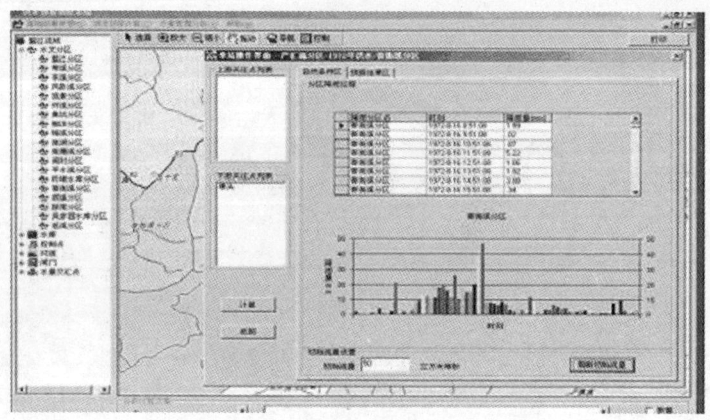

图 3-14　查询统计分析

5. 制高点分析

制高点分析指定一定范围,分析该范围内的最高点。

6. 通视分析

通视分析主要是通过两点之间区域的通视性分析,也可以调整相关的参数来做通视分析(见图 3-15)。

图 3-15　通视分析

7.污染扩散仿真

系统可实现污染扩散仿真,根据污染源发生的位置、地形及气象等资料,以时间为要素进行污染扩散分析。

3.5.3　环境信息录入、查询与发布系统

环境信息发布系统是河南省环境保护厅与社会公众互动、交流的窗口。发布的信息包括静态信息发布、动态信息发布以及电子地图信息发布几大类型。

3.5.3.1　环境信息录入

录入的环境信息包括如下内容:

(1)全省河流水质监测自动站(包括国家、省建自动站和简易站)。

(2)全省城市空气监测自动站。

(3)省控重点污染源。

(4)全省各类河流水质断面。

(5)全省所有入河排污口。

(6)全省环境统计4 000多家重点污染源。

(7)环保系统各类规划、区划图。

以上数据包括位置数据、描述其特征的属性数据以及实时采集的环境信息数据等。其中,位置数据通过GPS + GPRS + GIS方式采集,并利用数据采集模块录入到系统中;而描述其特征的属性数据以及实时采集的环境信息数据则需要通过建立环境信息数据库,在ArcGIS中开发属性信息录入模块,进行数据录入,实现对接收、录入的数据进行修改、校验、审核、认证和入库。系统可以在电子地图上方便地录入,编辑污染源、排污口、监测站、监测断面的位置信息和属性信息,可以在电子地图上编辑环境规划图和功能区划图。

3.5.3.2　环境信息查询

系统可以查询显示各类自动站、排污口、断面、污染源等的属性信息(包括基本情况、图片、视频等)、在线监测数据(及历史数据)或污染排放数据等,并且可以用直方图、饼图、点值图等各种图形方式显示数据情况,查询方式可以是指定条件的,也可以是任意条件的组合(见

图 3-16)。

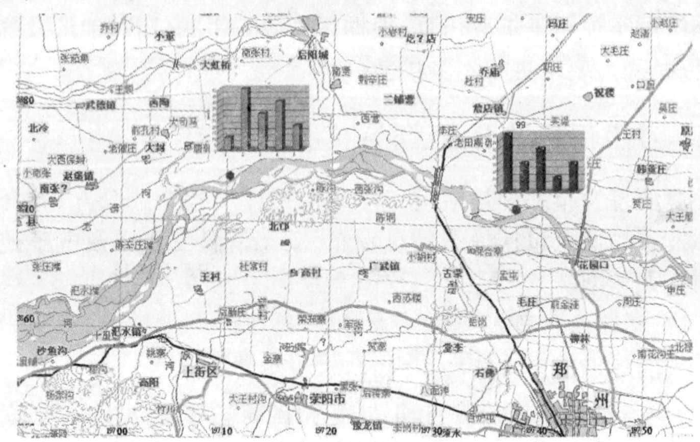

图 3-16 环境信息查询

3.5.3.3 电子地图信息发布

对于一些重点污染企业的监测处理结果、河流排污口、河流断面，可以在省环境保护厅系统的内网上，利用 ArcIMS 编程，实现环境信息的网上发布(见图 3-17)。电子地图信息发布包括污染源分布图、环境质量状况图(等级图)、污染监测点分布图、基于地图的各类统计图表和环境保护规划图等。

3.5.4 污染扩散分析与预警系统

污染扩散分析与预警系统通过基础地理信息系统的空间分析模块，直观真实地展现污染扩散过程，并通过覆盖分析模块和缓冲区分析模块进行污染灾害分析评估。

污染扩散分析分为一般扩散模型和专业扩散模型。一般扩散模型有线形和面状扩散模型，专业扩散模型有 ADMS 扩散模型、大气扩散烟团轨迹模型、ISC－AERMOD 模型、A－P 插值模型。扩散模型和电子地图或遥感影像结合，能比较真实形象地展现污染扩散过程。

3.5.4.1 建立水污染扩散模型

污染物进入河流后不仅发生扩散输移，同时还伴随有迁移转化的

图 3-17　环境信息的网上发布

过程。由于不同污染物化学结构的多样性和河流水环境的复杂性，导致了它们在河流水环境中的迁移转化规律千差万别、错综复杂。了解、掌握河流污染物迁移转化规律，有助于建立河流污染物输移模型，以及根据建模确定投入的人力、财力，合理简化模型。通过建立水污染扩散模型，能够根据该模型分析可能污染源。建立目标责任考核相邻监测断面之间的污染相关模型，分清责任。

在本系统中，结合地理信息的基础数据和重点污染源、入河排污口的监测数据，在 ArcGIS 中建立相应的水污染扩散模型，根据水系污染物的扩散规律，追溯可能的污染源。根据水污染物的扩散模型，模拟污染随时间扩散的情况，并提供污染浓度分级查询。结合各类模型库模拟水污染扩散状况，根据扩散模型，虚拟还原三维环境中的突发性水污染物扩散。在事件发展过程中，提供不同时间、不同测点污染物的污染情况，包括污染物浓度变化情况及相关监测点污染情况对比等，直观显示事故的最新发展过程。

根据现有的河流数据，以以往在黄河上的经验，构建了一个河流一维水质污染物的扩散模型试验（见图 3-18）。

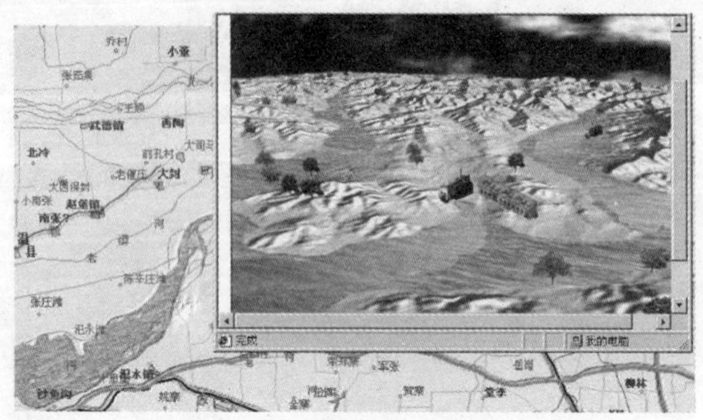

图 3-18　污染物扩散模型

1. 河道、水流边界假定

假定河段均匀，断面面积 A、流速 u、流量 Q、纵向弥散系数 E_x 等都不随时间变化。

2. 污染物释放的类型

污染物输移模型所考虑的污染物释放有两种类型：一种是瞬时释放源，如黄河干流上的意外交通事故等；另一种是一定时间段内的连续释放源，如黄河干流 2002 年年底潼关污染事件中入黄污染物通量居高不下的渭河。因此，污染物输移模型主要针对这两种污染物释放类型。

3. 水质模型

1）一定时间段内的连续释放源

连续释放源释放初期初始和边界条件为：

$$c(x,0) = 0 \quad (x \geqslant 0)$$

$$c(0,t) = c_0 \quad (t > 0)$$

连续释放源非稳态模型为：

$$c(x,t) = \frac{c_0}{2}\left[\frac{ux}{2E_x}\left(1 + \sqrt{1 + \frac{4KE_x}{u^2}}\right)\right]\operatorname{erfc}\left(\frac{x + ut\sqrt{\frac{4KE_x}{u^2}}}{\sqrt{4E_x t}}\right) +$$

$$\frac{c_0}{2}\left[\frac{ux}{2E_x}\left(1 - \sqrt{1 + \frac{4KE_x}{u^2}}\right)\right]\operatorname{erfc}\left(\frac{x - ut\sqrt{\frac{4KE_x}{u^2}}}{\sqrt{4E_x t}}\right) \qquad (3\text{-}1)$$

式中 c——x 处 t 时污染物浓度；

c_0——起始断面污染物浓度；

u——平均流速；

x——河流纵向距离；

E_x——纵向离散系数；

K——污染物衰减系数；

$\mathrm{erf}c(x)$——余误差函数，$\mathrm{erf}c(x)=1-\mathrm{erf}(x)=1-\frac{2}{\sqrt{\pi}}\int_0^x \mathrm{e}^{-t^2}\mathrm{d}t$。

时段较长的连续源：若污染源在一定时间段内连续稳定地排放，当 $t\to\infty$ 时，污染物浓度不随时间变化，即有 $\frac{\partial c}{\partial t}=0$，则一维纵向弥散水质模型变为：

$$u\frac{\partial c}{\partial x}=E_x\frac{\partial^2 c}{\partial x^2}-Kc \tag{3-2}$$

当 $x\to\infty$ 时，有 $c\to 0$，可得微分方程的解为：

$$c=c_0\exp\left[-K\frac{x}{u}\left(\frac{\sqrt{1+a}-1}{\frac{a}{2}}\right)\right]$$

其中
$$a=\frac{4KE_x}{u^2}$$

即
$$c=c_0\exp\left[\frac{u}{2E_x}\left(1-\sqrt{1+\frac{4KE_x}{u^2}}\right)x\right] \tag{3-3}$$

当 $E_x=0$，或者污染物纵向弥散可以忽略不计时，一维纵向弥散水质模型变为：

$$\frac{\partial c}{\partial t}+u\frac{\partial c}{\partial x}=-Kc \tag{3-4}$$

当 $x(t)=0, c=c_0$ 时，可解得：

$$c[x(t)]=c_0\exp[-Kx(t)/u] \tag{3-5}$$

2）瞬时释放源

瞬时释放源初始和边界条件为：在 $x=0, t=0$ 时，瞬间投入 M 质量

的污染物,即有

$$c(x,0) = 0 \quad (x \geqslant 0)$$

$$c(0,t) = c_0 \quad (t > 0, t \to 0)$$

可解得瞬时释放源非稳态模型为:

$$c(x,t) = \frac{M}{Q\sqrt{4\pi E_x t}} \exp(-Kt) \exp\left[-\frac{(x-ut)^2}{4E_x t}\right] \tag{3-6}$$

3)污染物推进时间

本次水质预测所考虑的污染物主要有 COD_{Cr}、氨氮、BOD_5 等,可认为这些污染物或其特性不改变水流体质点的流动特性,即认为污染物在水流中完全混合后基本是随水流推移的,没有滞后于水流。污染物的推进时间可根据水流推进时间确定,即

$$t = \frac{x}{u} \tag{3-7}$$

式中 t——污染物传递时间;

x——预测断面距突发性污染事故发生地的距离;

u——河段平均流速。

3.5.4.2 污染预警模块

污染预警是指将系统与在线监测点网络相连,或者与监测点实时数据库系统相连,每隔一段时间在图上显示当前监测数据超标的监测点分布位置,并且根据监测点与河流、风向等的自然环境关联关系追踪污染源的位置,还可通过调用有关部门和机构通讯录数据向有关部门核实情况,做出判断,可以使用污染事故管理系统将污染事件记录备案,提出处理意见,并发往相关部门对事故进行快速处理。污染预警有如下两种模式:

(1)提前预警。在污染尚未发生之前,通过对监测数据的分析做出的提前警示,从而可以提早进行事故防范,有利于对突发事件的处理。根据对监测点传回的数据,预先对各类指标设定阈值,当某一指标值达到或超过该预警值时,系统自动启动预警,并发布预警消息。省环境保护厅监测中心收到该预警消息后,可预先对该类事故进行严密监控与应急预案处置。

(2)趋势预警。在污染事故发生后,在事故处理过程中通过对监测数据的分析而做出的反应。通过污染扩散分析,进行污染预警,根据事故处理的进展情况提前疏散或撤离即将污染区域的人群,为污染事故处理提供指导。

3.5.5　突发性污染事故应急预案系统

在现实生活中,重点污染企业、运输危险化学物品的车辆等都有可能因为某些不确定的因素突发环境污染事件,危害国家和人民生命与财产安全,这就要求环保部门担负起快速反应的责任来,即所谓的"环保110"。对环保部门来说,突发性污染事件水质影响预估思路见图3-19。

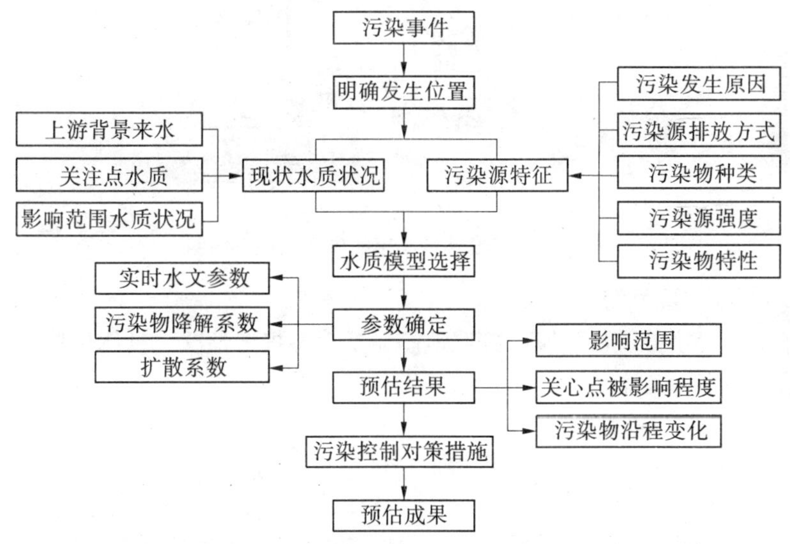

图3-19　突发性污染事件水质影响预估思路

突发性污染事故应急预案系统以计算机网络系统为基础,以有线和无线通信系统为纽带,集成了GIS地理信息系统、通信技术、GPS全球定位系统、计算机辅助决策系统、数据库系统等,体现了高科技与环保业务的完美结合,能有效提高突发性污染事故的快速处理能力、协同行动能力和决策水平。

本系统支持突发性污染事故的报警、接警；接警后，工作人员可以根据突发性污染事故扩散模型分析污染源；根据分析结果生成应急处置预案指挥决策；建立全省 GPS 导航定位系统，能够快速引导工作人员到达事故现场，同时，可以把事故现场的照片等监控信息传回指挥中心（见图 3-20）。

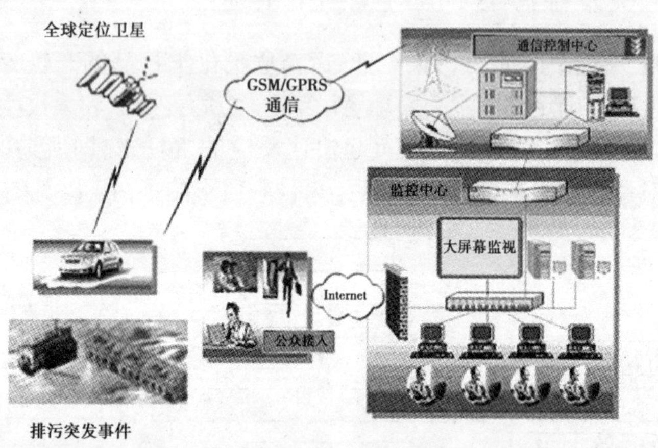

图 3-20　突发性污染事故应急系统逻辑图

3.5.5.1　接处警

负责接警、接报处理，按照地图显示动态报警情况。具体包括如下功能：

（1）填写报警单。

（2）确定污染事故地点，根据地址进行空间定位。

（3）处警调度。

（4）车辆监控与指挥。

3.5.5.2　GPS 导航

分析事故发生现场情况，包括最近的环保机构、附近居民区情况、附近河流水系情况；分析环保机构到达现场的最快行车路径，并显示路线和距离，以及到达需要的大致时间。具体包括如下功能：

（1）查询事故现场的地形地物信息。

（2）查询事故现场的气象资料。

(3)查询事故现场周边的居民区情况。

(4)查询事故现场的河流水系情况。

(5)查询事故现场的环保机构,按照指定的半径范围(如 500 m)进行搜索。

(6)查询环保机构到事故现场的最短路径,同时显示两地间的距离,以及抵达事故现场所需的时间。

3.5.5.3　紧急污染处置预案

紧急污染处置预案可分为静态预案与动态预案两种类型。静态预案是为事故处置演练处理而提前制订的,针对不同类型的事故制订不同的演练计划,然后在实际演练过程中进行修正,从而形成实战数据库。当紧急污染事故发生时,系统可自动从实战数据库中提取相同类型的事故处理方案,生成一个动态预案。因此,静态预案是动态预案的基础,动态预案是静态预案的提升。

根据接报警情况与现有危险源调查数据和相应预案相结合,自动调用相应的处置预案,供指挥人员选择。

紧急污染处置静态预案的功能包括:

(1)预案创建。

(2)信息查询,如污染事故周围的地形地物、居民地、气象、河流水系等。

(3)预案布置,包括出动单位、出动路线、出动人员、处理步骤等。

(4)预案编辑。

(5)预案保存与打印输出。

紧急污染处置动态预案的功能包括:

(1)预案生成。

(2)预案编辑。

(3)预案保存与打印输出。

3.5.5.4　事故现场监控处理

事故现场监控处理系统用来实时监控工作人员和车辆位置,接受事故现场通过 GPRS 传回指挥中心的图像,并将图像回放到大屏幕上,供指挥人员了解现场实际情况。

指挥中心事故现场监控处理具体包括如下功能：

(1)实时监控 GPS 车辆的位置。

(2)实时监控救援人员的位置。

(3)接受事故现场上传的图像信息。

(4)大屏幕显示图像信息。

(5)依靠无线通信设备下达指挥命令。

(6)依靠无线数据通信，了解事故现场动态，调集增援力量。

(7)通过无线数据通信，接收来自事故现场的文字和图形信息。

(8)查询事故现场信息和事故处置方案。

(9)实时记录事故现场信息。

3.5.6　系统维护子系统

要保证系统的安全性，需要建立一套管理系统，包括用户认证，用户、角色、权限的定义和维护，基础代码维护、业务代码维护和组织机构维护，以及数据的备份和恢复等。

管理系统包括用户管理、用户权限管理、地图元数据管理、图例模版管理、通用数据库管理、空间数据库管理及系统日志管理等，具体功能如下。

3.5.6.1　用户管理

系统用户管理用来对使用系统的用户进行管理，具体包括如下功能：

(1)添加用户信息，包括添加用户名称、用户个人信息、登陆名、登陆口令等。

(2)删除用户信息，包括删除用户名称，同时删除该用户的所有个人信息。

(3)修改用户信息，包括修改用户名称、用户个人信息、登陆名、登陆口令等。

(4)分配用户权限，包括系统使用权限、系统数据权限。

3.5.6.2　用户权限管理

用户权限包括系统权限与数据权限。用户权限管理用来对系统权限与数据权限进行分组管理和维护,以实现用户管理、角色管理、日志管理、安全验证等。

系统权限管理功能包括:①添加、删除系统权限;②添加、删除系统权限组。

数据权限实现数据备份与恢复、数据权限分配、代码维护等。系统数据权限有只读、可编辑、不可视三种状态。数据权限管理功能包括:①添加、删除数据权限;②添加、删除数据权限组。

3.5.6.3 地图元数据管理

元数据是指对数据进行描述和定义。地图元数据管理功能包括:①地图元数据管理(如拷贝、删除、重命名等);②地图元数据浏览;③对元数据进行编辑。

3.5.6.4 图例模版管理

图例模版管理用来管理每个系统的地图表现形式,包括新建图例模板、删除图例模板、修改图例模板、缺省模板设置和地图配置。

地图配置包括:①地图显示的图层;②地图显示的比例控制,即对在什么样的比例尺下显示哪些图形要素的内容进行控制;③图形显示风格配置,即对点符号、线符号、面符号以及文字显示的大小、风格等进行设置。

3.5.6.5 通用数据库管理

在数据库应用的过程中,只有对数据库进行管理和维护,才能确保日常的业务工作正常运转。数据库管理是非常重要的工作。它是整个系统和业务应用正常运转的重要前提,主要包括如下功能:

(1)数据备份。提供数据库完全备份、增量备份、差量备份、完全备份和增量备份组合,以及完全备份和差量备份组合等几种机制,以最大限度地保障数据的安全性。

(2)数据恢复。无论是采用手工方式,还是通过计算机程序对数据库中的数据进行修改,都有可能导致数据错误。当发生数据错误时,系统要能够恢复。数据恢复包括如下功能:①自动恢复,在数据出错时可把数据修复到修改前状态;②自动备份,数据库修改后,原有的数据应作备份;③历史数据,当数据库中的数据被修改后,原有的数据要保留进入历史库中，以备数据回溯和查询使用。

(3) 数据批量入库。将现有 DBF 或 Excel 文件中的数据批量地导入数据库。

(4) 按季度、年度备份或清空某项（或全部）数据。

(5) 所有代码库都有维护的功能，代码的添加、修改、删除。

(6) 可以修改数据库的表结构，增加、删除字段，创建新表、删除旧表等。

3.5.6.6　空间数据库管理

空间数据库管理功能包括以下内容：

(1) 为新创建的各类空间数据的存储选择必要的参数，如投影、索引格网。

(2) 确定哪些图层可以让哪些用户只能使用不能下载，哪些用户可下载到本地。

(3) 对向数据库上传、保存的数据进行审核，满足条件后再入库。

(4) 根据环保工作的需要，添加、删除、修改基础地理空间和污染源空间数据。

(5) 开放的 Shapefile 矢量文件的输入/输出转换。

3.5.6.7　系统日志管理

系统日志用来记录用户访问系统的信息，包括：①日志信息查询；②日志信息删除。

3.6　数据库设计

信息系统的核心是数据库，系统数据库的设计不仅要考虑地图数据库的设计，还要考虑与环境信息数据库的关联。

3.6.1　数据库设计的原则

系统设计的核心是数据库，在进行数据库设计时，应遵循如下原则。

3.6.1.1　统一规划，逐步建设

在方案设计时不仅要考虑近期目标，还要考虑远期目标。

3.6.1.2　数据一致性

系统涉及整个河南省,数据要存储在主域和子域两个服务器上,数据种类繁多、数据量大,有些数据之间的联系紧密,因此在进行数据库设计时要考虑数据的一致性。特别是在进行数据的发送和接收处理方面要认真对待。为此,在数据库设计时要考虑运用分布式数据库的复制技术,还要设计一些临时数据表,当对这些数据进行认证后方可入库。另外,数据要在唯一入口录入,以避免重复录入,保证数据完整性和一致性。在数据库维护方面,要定时对主域数据和子域数据进行对比、校核,以便及时修正错误。

3.6.1.3　设计理念的先进性

要考虑系统结构的先进性,采用多层结构的设计,保证数据存储、数据访问、数据处理、功能调用的独立化、标准化,保证子模块的修改不影响整个系统的运行。要建立污染源、排污口、监测站、监测断面之间的空间关系和语义关系,能够利用地理信息分析功能建立它们之间的关系模型。在建立空间数据库时,作为各个专题图层的属性数据库、接入现有相关的环境监测数据库、环境规划与功能区划数据库、污染源数据库等,并要建立相关的元数据库。各种编码要求符合国家基础地理信息和环境保护的标准。

3.6.1.4　可扩充性

考虑到系统要适应以后发展的需要,数据库设计在满足当前需求的同时,必须适应整个系统进一步开发、扩充的需求。要实现全省数据共享、资源共享;就要充分考虑系统的可扩充性,保证系统将来能够推广到各个地市,并和各个业务部门的业务系统无缝连接。

3.6.1.5　可兼容性

原有的正常运行的应用软件保留有大量宝贵的数据,因此数据库设计要解决好与各类现有数据的接口。要充分考虑功能的可复用性,保证前期建设的子系统、功能模块在将来能够用于各个地市、县和其他应用系统,避免重复投资、重复建设。

3.6.1.6　与地图数据库有机连接

实现数据库和图形库的高效连接与互访。

3.6.1.7 结构合理，尽量减少冗余

数据库的设计要尽量符合第三范式，结构合理，减少冗余。但考虑到关联和有关需要，在个别表设计时要留有一定的冗余量。

3.6.1.8 有良好的安全性能

依据数据库管理系统的安全机制，采用身份认证技术保证系统的安全保密性。为了方便系统管理员为系统的使用人员设置使用权限，我们引入“角色”概念，根据工作需要将系统的使用人员分成若干类“角色”，并对各个“角色”定义基本的使用权限。

3.6.1.9 数据备份与恢复

建立积极稳妥的数据备份与恢复机制，保障数据的安全性。

3.6.2 数据库的设计

3.6.2.1 系统可能涉及的环境数据库表

1. 水质类数据表

水质类数据表包括：①断面信息表；②地表水质数据表；③底质数据表；④评价标准数据表；⑤饮用水质数据表；⑥简报（月报、年报）数据表；⑦水质评价结果数据表；⑧饮用水源情况数据表等。

由于水质方面的监测数据项目，是按照《地表水环境质量标准》、《渔业水质标准》、《生活饮用水卫生标准》、《农田灌溉水质标准》、《地表水环境质量标准》的基本项目和特定项目、《水质监测规范》的必测项目和选测项目确定的，所以应该设立相应水质监测标准的对应水质表。另外，还要考虑到常测的、不常测的、原测的和目前尚未测的项目的水质表的安排。这样对数据的管理就更加全面合理。

2. 入河排污口类数据表

入河排污口类数据表包括：①各类排污口位置表；②污染物清单表；③规定水质指标的监测质、调查质和污染物排放量表；④等标污染负荷表等。

3. 社会经济情况类数据表

社会经济情况类数据表包括：①流域的地理、气候、水文、人口、工业产值、用水量等社会自然状况数据；②流域的社会经济状况；③监测

站和省界监测站的分布情况；④排污口和产生排污源的分布状况；⑤有关水系的污染分布状况；⑥流域水环境的保护情况。

4. 排污口信息表

排污口信息表包括：①污染物监测表；②污染物调查表；③社会经济情况表；④取水口信息表等。

5. 系统管理用表

系统管理用表包括：①使用系统人员情况表；②使用系统人员权限表；③系统模块管理表等。

6. 系统编码表

系统管理的信息种类繁多，要管理好这些数据，使数据之间能够相互关联，对数据进行编码是非常重要的。因此，系统中要设计许多相关信息的编码表。

3.6.2.2 编码

1. 河流的编码

河流的编码采用代码格式定义为ABTFFSSY。编码次序按从上游到下游、先干流后支流、先左岸后右岸的次序，依次汇入关系编码。其中：

A：取值A为《水利工程基础信息代码编制规定》(SL 213—98)确定的河流分类码。

B：表示河流的流域。

T：表示水系。

FF：2位数字或字母，分别表示一级支流的编号，取值0～9、A～Y，其中00～09作为干流或干流不同河段的代码。

SS：2位数字或字母，分别表示二级支流、二级以下支流的编号，取值0～9、A～Z；当是二级支流时，第二个S为0。

Y：1位数字，表示河流类别。Y的取值与含义如表3-1所示。

2. 监测中心站的编码

监测中心站的编码采用两位编码，取值0～9、A～Y，代码格式定义为AB。其中：

A：按从上游到下游的原则，为顺序码。

B：为增补码(首次编码取值0)，用于在站间增加新站。

表3-1 Y的取值与含义

取值	含义	取值	含义
0	独流入海	4	一般运河或主干渠道
1	国际河流	5	一般渠道
2	内陆河流	6	汇入上一级河流
3	主要运河	9	其他

3. 水质站的编码

水质站的编码代码采用拉丁字母(为避免与数字1、0、2混淆,舍弃I、O、Z)和数字混合编码方法,共14位,代码格式定义为ABCDFFSSGGHYYY。其中:

A:第1位,固定为字母Y,表示工程分类代码为水质测站。

B:第2位,固定为字母A,表示河流。

C:第3位,固定为字母D,表示一级流域黄河。

D:第4位,表示水系。

FF:同河流编码中的含义相同。

SS:同河流编码中的含义相同。

GG:省级行政区划码。

H:第11位,表示在同一河流的若干个湖泊、水库的顺序号码,用1~9表示河流单元中的第几号湖泊、水库。若不需表达湖泊、水库序号,则取值0。

YYY:第12~14位,为水质测站的编号,前两位用数字00~99表示河流单元中的第几号水质测站,后一位为增补码(首次编码取值0)。例如,需在001~020号水质测站之间增加2个水质测站,依次编为011、012,增加其他测站编码以此类推。

4. 监测断面的编码

监测断面的编码共16位,如果监测断面是某水质站的唯一监测断面,则监测断面的编码直接取相应水质站的编码;如果监测断面不是某水质站的唯一监测断面,则在相应水质站编码的基础上增加两位,即_A,其中A取数字,按顺序编码。

5. 排污口的编码

排污口的编码参照水质站的编码进行,遵照相同的规则。

6. 取水口的编码

取水口的编码参照水质站的编码进行,遵照相同的规则。

7. 污染源的编码

污染源的编码要与相关排污口建立关联关系,在排污口编码的基础上增加三位编码,表示在该排污口的顺序号。

3.6.2.3 数据库表的设计

1. 排污口属性

排污口编号、排污口名称、流域、行政区划、入河口位置(东经、北纬,省、市、县)、断面名称、行业类别、行业性质、排污类型、污水性质、排污方式、排污天数、废污水入河量、有无污水处理、距河口距离、监测项目、主要污染物入河量、主要污染源等。

2. 污染源属性

污染源编号、污染源名称、排污口编号、位置(东经、北纬,省、市、县)、流域、断面名称、年份、企业人数、企业性质、产值、产品产量、废污水入河量、排放方式、监测项目、主要污染物排放量、污水处理措施、处理率(%)、达标率(%)、废污水去向等。

3. 监测站属性

水质站编码和名称、监测站名称、水质站类别、水质站功能、水系、河流、位置(东经、北纬,省、市、县、村镇)、监测河段、河段长度、至河口距离、和水文测站重合情况、监测单位、领导机关、开始监测时间和水质站老编号等。

4. 监测端断面属性

断面名称、断面位置、断面所在的河流等。

3.6.2.4 主要数据流

主要数据流如图3-21所示。

3.6.3 地图数据库的设计

3.6.3.1 地图数据类型

本系统所涉及的图形类型如图3-22所示。

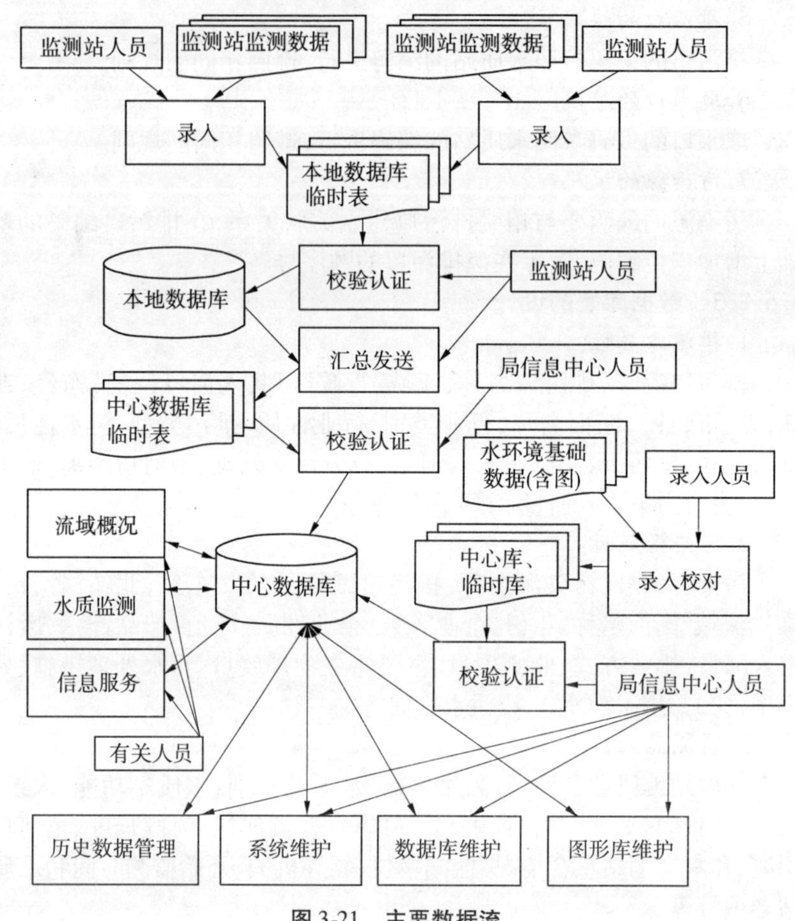

图 3-21 主要数据流

1. 基础地形图

对于地理信息系统而言,其数据包括矢量数据和栅格数据两大类。矢量数据具有数据量小、面向目标、几何变换容易、利于网络分析等优点,而栅格数据虽然具有结构简单、易与遥感数据匹配的优点,但不便于分析,且数据量大。因此,本系统的基础地图以矢量数据为主。

根据用户的要求,本系统所用到的地图数据包括基础地图数据和环境专题地图数据两大类,其范围包括河南全省。由于系统的数据不

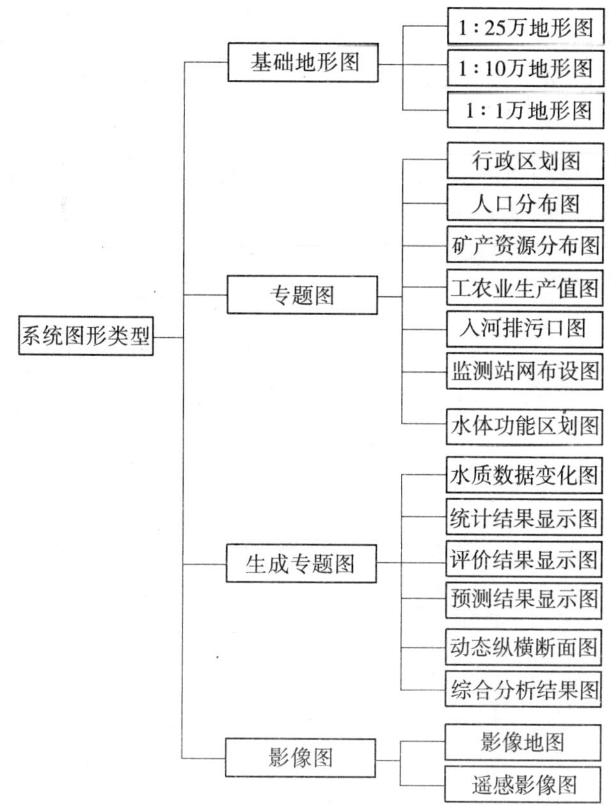

图 3-22　系统图形类型

仅用于显示和查询，更重要的是，要用于环境分析和模型的建立。因此，所有的数据以矢量数据为主，以栅格数据为辅。涉及的地图数据包括以下内容：

(1)1:25 万地形图数据——用于全省态势显示、三维地形分析。

(2)1:10 万地形图数据——用于重点地区市域范围内生成各种环境专题图层。例如，省级、市级污染源、监测站的定位等。

(3)1:1万地图数据——18 个地市市区范围的基础地图数据，主要是进行市区范围内污染源、城市空气质量、饮用水源地等的专题图层的建立，污染物扩散模型的建立，环境信息的录入、查询与发布，水污染扩散模型的建立，突发紧急事件预案、接警、处警，GPS 导航与定位等分析与应用工作用图。

各比例尺的基础地图数据包含不同的要素，以 1∶25 万数字地图为例，要素包括境界、水系、交通、居民地、地貌等，并建立数字高程模型库和地名信息库等。这些要素按照用户的要求在 ArcGIS 中建立基础数据图层进行管理，如表 3-2 所示。

表 3-2　基础数据图层

要素名	层名	属性表	主要内容
政区	BOUNT	PAT	政区界、海岸线、岛屿
		REGION	省、地、县政区
		AAT	县界
居民地	RESPY	PAT	乡、镇及乡、镇以上等级居民地
		REGION	乡、镇及乡、镇以上等级居民地
	RESPT	PAT	居民地
铁路	RAILK	AAT	铁路、铁路桥等
		ROUTE	铁路路线
		PAT	火车站
公路	ROALK	AAT	高速公路、一级公路、国道、省道、县乡道、乡村路、小路
		ROUTE	高速公路、一级公路、国道路线
		PAT	山隘、码头、轮船停泊场等
水系	HYDNT	PAT	河流、湖泊、水库、渠道等
		REGION	主要湖泊
		AAT	河流、湖泊、水库、渠道等
		ROUTE	六级以上河流
	HYDLK	PAT	泉、井、不依比例尺水库、明礁、暗礁等
		AAT	水库坝、水闸、丛礁等

续表 3-2

要素名	层名	属性表	主要内容
地貌	TERLK	PAT	高程点、水深点
		AAT	等高线、等深线、冲沟等
辅助要素	ATNLK	PAT	山峰、岛屿等名称
		AAT	山脉、群岛、海口等名称
地理格网	GGDLN	AAT	经纬线

2. 专题图

专题图主要是指进行环境信息管理与分析时所需要的环境信息，侧重于人文社会环境信息，包括行政区划、人口分布、矿产资源分布、工农业产值以及表示与环境监测有关的专题信息，如排污口分布、监测站网布设、水体功能区划等信息，具体包括以下内容：

(1)运用 GPS 定位，对全省河流水质监测自动站(包括国家、省建自动站和简易站)进行准确测量定位，建立河流水质监测自动站图层；对全省地表水水质断面、责任目标断面、饮用水源地等进行定位，获得坐标数据，并建立相应的图层。

(2)运用 GPS 对全省城市空气监测自动站进行准确测量定位，并建立相应的图层数据。

(3)运用 GPS 对省控重点污染源进行准确测量定位，并建立相应的专题图层。

(4)运用 GPS 对全省各入河排污口进行准确测量定位，并建立全省各入河排污口的数据。

(5)运用 GPS 对全省 4 000 多家重点污染源进行准确定位，并建立相应的重点污染源地图数据图层。

(6)建立全省环保系统水质功能区划、饮用水源保护区、自然保护区、生态保护区、噪声控制区、二氧化硫控制区地图数据图层。

3. 生成专题图

生成专题图主要是依据大量的监测数据，通过分析而得出的专题信息，并以形象直观的专题图形式表示出来。生成专题图包括水质数据变化图、统计结果显示图、评价结果显示图、预测结果显示图、动态纵横断面图、综合分析结果显示图等，这些图可以以直方图、饼图、网格图、分级符号图、点值图、等值区域图等形式表示在 1∶10 万或 1∶1万的地形图上，并且可以打印输出。

4. 影像图

影像图主要包括两部分，即影像地图和遥感影像图。

(1)影像地图：当工作地域矢量数据不足而急需工作用图时，可以快速扫描像素图，以弥补信息的不足。

(2)遥感影像图：包括卫星遥感影像及航空遥感影像等。可以实时反映水质状况，例如，用实时环境遥感数据可对污染物的扩散过程实现动态监控。

5. 多媒体数据

对于重点污染源、重点水质断面、突发污染事件的现场情况及其处置方案、过程等可以以图片、文字、录像等多媒体形式表达，并可以实时显示(见图 3-23)。

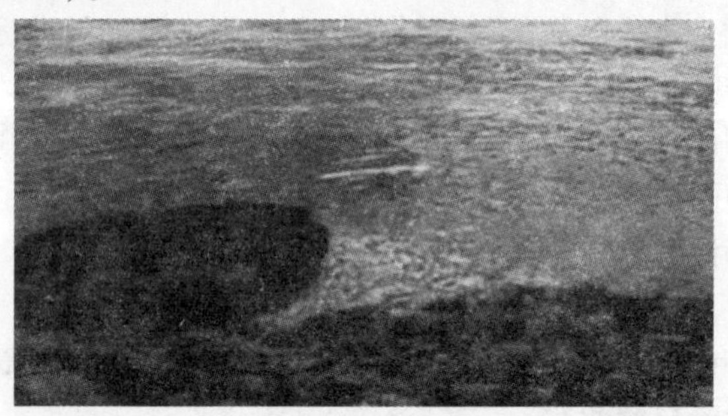

图 3-23　多媒体数据

3.6.3.2　地图用量分析

系统的数据主要包括监测数据、多媒体数据和地图数据等。

1. 监测数据用量分析

按照现在的常规监测，在监测站所监测的数据项目有 50 多个，随着社会的进步和发展，监测的数据项目会不断增加，但预计不会超过

100 个。省环境保护厅此次建设监测端点有 10 个，全省有重点污染企业4 000家，将来的监测站可达到 4 000 个；监测的间隔时间，现在常规是 1 个月，加上非常规的监测，1 年监测的总次数不会超过 30 次。从上面的估算，监测数据量可以计算如下：

现在一年的监测数据量共有 3 万个，每个数据按照 4 个字节计算，1 年的数据量约 1.2 MB；包括历史数据，按照 100 年的存储规模，系统存储的监测数据不会超过 1 GB。将来若达到 4 000 个监测点，则有 1 200 万个数据，1 年的数据量约 4.8 GB。

2. 多媒体数据用量分析

流域概况用大量的文字、图片、音像等多媒体数据，先按照 5 G 考虑。

3. 地图数据用量分析

由于河南省面积 16.8 万 km^2，涉及黄河、海河、淮河、长江四大流域，所覆盖的区域大，所以系统所用的流域地图也比较多。按照 1∶25 万和 1∶10 万接图表估计，所利用的地图 1∶25 万图有 40 多幅，1∶10 万图有 160 多幅，1∶1万图有 152 幅。1∶25 万图每幅容量约 10 MB，1∶10 万图每幅容量 10 MB，1∶1万图每幅容量约 5 MB。数据量不会超过 5 GB，地图用量分析见图 3-24。

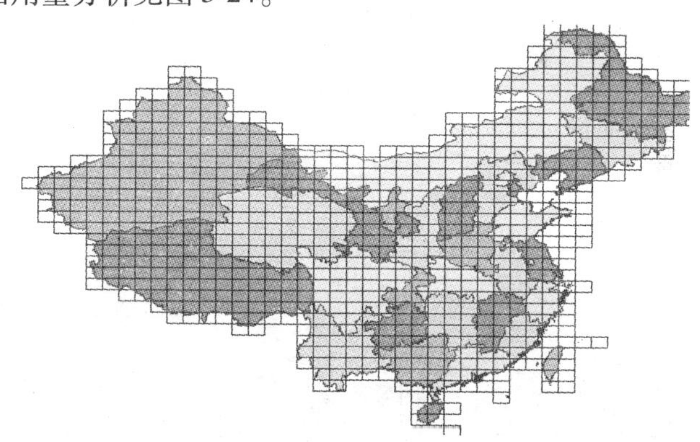

图 3-24　地图用量分析

由以上的数据估算，整个系统的数据量不超过 15 GB，数据量从整体来说不算少。所以，系统数据要利用大型的数据库管理系统软件和比较先进的 ArcGIS 管理软件进行管理。当然,在系统设计时还要进行严格的分析,才能计算出较精确的数据量。

3.6.3.3　地图数据库建库

地图数据库的建立严格按照地图生产的有关国标及部门标准实施,重点是要素编码、数据采集精度控制及图例符号的设计等。地图数据库建立的基本流程如图 3-25 所示。

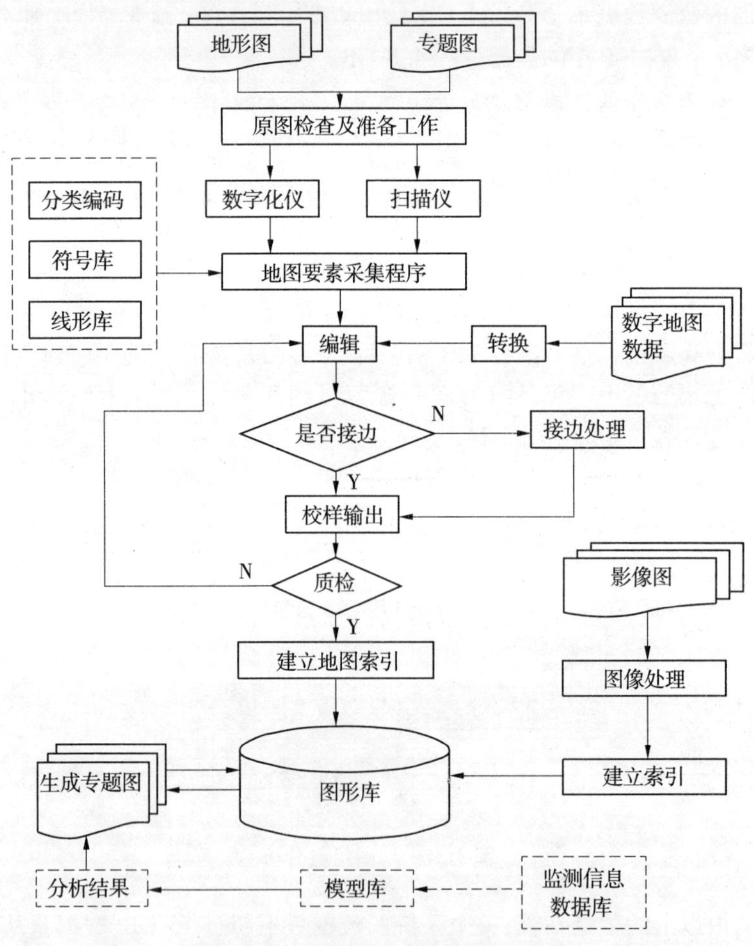

图 3-25　地图数据库建立的基本流程

3.6.4　数据库和图形库、文件库的关联

数据库是指环保部门日常管理环境信息资源与地图数据相关的数据库，而文件库则主要是指相关的文本文件、多媒体文件等。

3.6.4.1　数据库和图形库的关联

在数据库和图形库之间建立关联表，将数据库和图形库连接起来。不同的数据库和图形库有不同的关联表。一般情况下，数据库利用关键字（或组合关键字）（例如断面编号）进行关联；图形库则利用要素编码（例如水系编号）进行关联。数据库和图形库关联示意如图 3-26 所示。

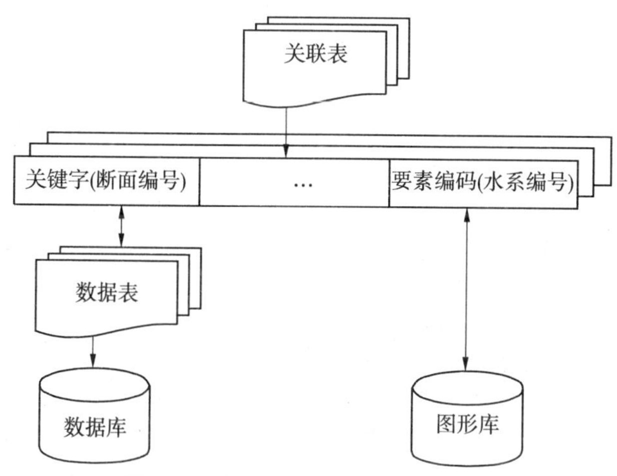

图 3-26　数据库和图形库关联示意

3.6.4.2　数据库和文件库的关联

数据库和文件库都是 DBMS 的逻辑数据库，通过 DBMS 的访问机制，可以灵活地互访，实现数据共享。

3.7　系统采用的关键技术

3.7.1　中间件技术

随着计算机技术的飞速发展，各种各样的应用软件需要在各种平

台之间进行移植，或者一个平台需要支持多种应用软件和管理多种应用系统，软、硬件平台和应用系统之间需要可靠和高效的数据传递或转换，使系统的协同性得以保证。这些都需要一种构筑于软、硬件平台之上，同时对更上层的应用软件提供支持的软件系统，而中间件正是在这个环境下应运而生。

由于中间件技术正处于发展过程之中，因此目前尚不能对它进行精确的定义。比较常见的定义是：中间件是一种独立的系统软件或服务程序，分布式应用软件借助这种软件在不同的技术之间共享资源。中间件位于客户机/服务器的操作系统之上，管理计算资源和网络通信。从中间件的定义可以看出，中间件是一类软件，而非一种软件；中间件不仅仅实现互连，还要实现应用之间的互操作；中间件是基于分布式处理的软件。

通常意义上，中间件应具有以下一些特点：满足大量应用的需要；运行于多种硬件和 OS 平台之上；支持分布式计算，提供跨网络、硬件和 OS 平台的透明性的应用或服务的交互功能；支持标准的协议；支持标准的接口。程序员通过调用中间件提供的大量 API，实现异构环境的通信，从而屏蔽异构系统中复杂的操作系统和网络协议。中间件提供客户机与服务器之间的连接服务，这些服务具有标准的程序接口和协议。针对不同的操作系统和硬件平台，它们可以有符合接口和协议规范的多种实现。

由于标准接口对可移植性和标准协议对互操作性的重要性，中间件已成为许多标准化工作的主要部分。对于应用软件开发，中间件远比操作系统和网络服务更为重要，中间件提供的程序接口定义了一个相对稳定的高层应用环境，不管底层的计算机硬件和系统软件怎样更新换代，只要将中间件升级更新，并保持中间件对外的接口定义不变，应用软件几乎不需任何修改，从而保护了企业在应用软件开发和维护中的重大投资。中间件是一种独立的系统软件或服务程序，分布式应用软件借助这种软件在不同的技术之间共享资源。中间件软件管理着客户端程序和数据库或者早期应用软件之间的通信。中间件在分布式的客户和服务之间扮演着承上启下的角色，如事务管理、负载均衡以及基于 Web 的计算等。

中间件技术实现示意如图 3-27 所示。

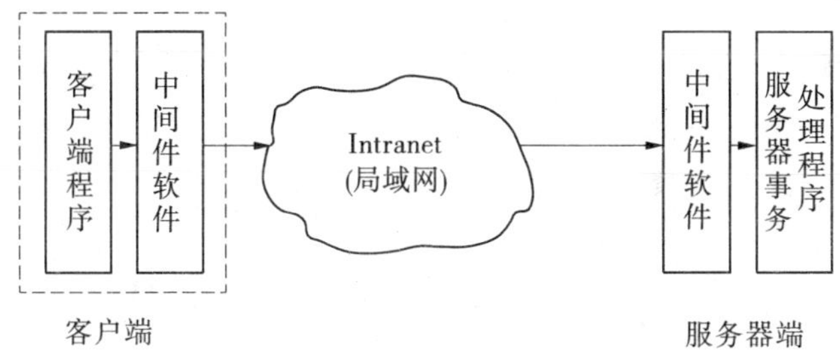

图 3-27　中间件技术实现示意

客户端只要把对数据库的访问请求发给中间件，中间件则负责与网络、服务器进行协调，直到所提交的请求完成为止。利用中间件还改变了数据库的存取过程，因为服务器端的中间件会协调服务器的进程，选择最佳的时机进行数据库的存取操作，从而提高了系统的整体性能。

3.7.2　时间挖掘机技术

时间挖掘机技术就是充分运用系统主域 CPU 的资源，解决一些占用系统资源时间较长的统计、分析和数据处理的问题。对系统中统计、分析和数据处理等运行时间较长的程序，在服务器有空闲时（例如下班以后）使其自动运行。程序把处理结果保存在前面所述的结果库中，以后需要时就可自动调出该结果。

3.7.3　多源数据集成

系统所涉及的区域大，要素内容多。要表示区域特征，既需要小比例尺图如 1∶100 万、1∶25 万，又需要大比例尺图，如局部重点河段的 1∶1万图。从图形种类来讲，既包括地形图，又包括各种专题图，如人口分布图、矿产资源图等。要将这些不同数据源的数据有机结合起来，在图形库中存储，才能开发出高水平的系统。

3.7.4 污染物扩散模型的建立

污染物扩散模型的建立和应用是系统的关键技术,因为水污染物的扩散过程涉及河流的径流模型、泥沙、污染物化学成分与特性、河道特点等因素。必须占有尽可能详尽的数据,并以一条河流为示例,进行污染物扩散的数学模拟,并经过多次试验,才能建立更加科学的污染物扩散模型。

3.8 系统建设的质量保证体系

3.8.1 进行联合开发

本系统建设涉及的内容面广、工作量大、投入资金多、技术难度高,是一项复杂的系统工程。只有计算机技术人员和专业技术人员密切配合才能开发出实用的系统。因此,本系统将采用计算机技术人员与环保专业技术人员联合开发的方式。联合开发具有以下优势:

(1)系统的软件开发涉及非常专业的算法和数学模型问题,对于这些专业性很强的数据处理,计算机技术人员要在短期内理解并能编程实现是很困难的。但是若有环保专业技术人员参加配合,就能够较快地设计出符合要求的系统。

(2)进行系统的建设,需要非常多的资料、原始数据、规范、法规、文件等,这些资料和数据若没有专业技术人员的配合,将耗费大量的人力资源。

(3)系统的建设和开发自始至终都要有专业技术人员参加。这样,一方面锻炼提高了专业技术人员的技术水平,另一方面也能使专业技术人员及时了解掌握应用系统的结构及有关开发技术。等到项目完成以后,专业技术人员能够对系统进行及时的维护,还可以对系统的功能进行修改和完善。专业技术人员参加项目的研究开发是保证项目开发成功、顺利接收、尽快投入使用、提高运行维护水平的关键。

3.8.2 采用生命周期法和快速原型法相结合进行软件开发

由于系统涉及数据购买与采集、基础地理信息开发、环境专题信息开发、模型建立与程序开发等任务，每部分任务的要求周期都不完全相同。另外，计算机技术人员对需求的了解和理解有渐进的过程，专业技术人员对业务工作的描述同样也是渐进的。本项目开发由以上因素决定不可能在系统设计初期就将系统需求详细、全部、无遗漏地完全确定下来，不再修改。因此，虽然本系统的开发应该按照软件工程的步骤进行，但严格采用软件工程的瀑布式生命周期法是不现实的。本系统采用生命周期法和快速原型法相结合的方法进行开发，即在了解基本需求后，首先构造原型系统，让专业技术人员发现问题，进行修改，将原型不断改进和完善，最后演化成一个较理想的系统。

3.8.3 软件开发的步骤

环境地理信息的建设是一项复杂的系统工程。软件工程把软件开发的每一个阶段的任务、实施步骤、实施方法、完成标志和交付文档规定的非常明确，从而使软件开发过程阶段清晰、要求明确、任务具体、可操作性强。按照软件工程规范进行开发有利于开发过程的控制和管理，也便于采用工程化的方法开发软件，从而提高所开发软件系统的质量，缩短开发的时间，减少开发和维护的费用。另外，按照规范进行开发还有利于软件开发人员、用户、维护人员的协作交流，使软件开发更加科学化和规范化，也有利于系统运行后软件的维护。

3.8.3.1 用户需求分析阶段

用户需求分析阶段的主要任务和工作内容如下：

(1)调查用户的机构、业务、工作流程；

(2)确定系统的功能和性能要求；

(3)收集资料和原始数据；

(4)进行数据分析，制订数据采集方案；

(5)总结相关的分析算法和数学模型；

(6)确定与有关建成系统的接口关系和相互交换的数据信息；

(7)制订软件的开发计划；

(8)编写软件的用户需求说明书和软件开发计划纲要；

(9)组织对用户需求说明书进行审查。

3.8.3.2 总体设计阶段

总体设计阶段的依据是软件需求说明书,该阶段的主要任务和工作内容如下:

(1)进行系统分析,确定系统的功能模块；

(2)建立系统的总体结构；

(3)进行信息编码；

(4)进行数据库设计；

(5)进行地图数据库的设计；

(6)定义与建成系统有关的接口；

(7)设计系统的安全措施；

(8)制订软件的测试计划；

(9)编写总体设计说明书；

(10)修改和完善需求说明书；

(11)组织对总体设计说明书进行审查。

以上两个阶段都是系统开发成败的关键,因此两个阶段的工作流程见图 3-28。

3.8.3.3 详细设计和编码阶段

详细设计的任务是:

(1)对软件模块进行功能和过程描述；

(2)定义窗口和界面；

(3)定义参数和变量；

(4)对模块运用的算法和模型进行说明；

(5)描述本模块和其他模块之间的调用关系；

(6)阐述模块读、写数据库中数据项的要求和限制；

(7)编写详细设计说明书。

一般而言,模块设计和程序编码实现阶段划分的不是很严格,有的模块要经过详细设计,有的知道了功能后就可以直接编码实现。一般

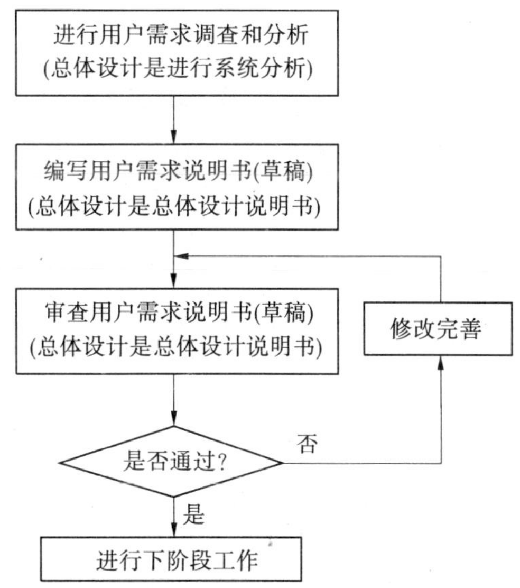

图 3-28　用户需求分析和总体设计阶段工作流程

情况下,需要较复杂算法和数学模型的一定要进行详细设计,而一般的程序也可以直接进行编码。当然,对于复杂的模块也可以进行详细设计后,开发出一个原型,征求用户的意见后进行完善。

3.8.3.4　测试阶段

根据软件需求说明书和总体设计中定义的全部功能及性能要求,对整个软件进行测试,测试可分为单元测试和组装测试等,测试结束提交系统测试报告。然后,用户可以进行系统的确认测试(或称验收测试)。

3.8.3.5　试运行阶段

通过用户的确认测试,系统可以进行试运行,在试运行阶段对发现的问题进行修改完善,然后系统投入正式运行,进入维护期。

第4章 GIS在企业质量技术监管中的应用

4.1 项目概述

4.1.1 引言

企业质量技术监管信息系统是为适应质量技术监督系统对企业产品质量进行全面监管而开发的综合信息管理系统，系统由企业质量档案管理系统和企业质量地理信息系统构成。系统在国内首次运用Web、GIS、GPS、MIS技术实现了企业质量档案数据库和企业质量地理信息的有机结合，并在如下方面进行了技术创新：

(1)针对企业分布点多、线长、面广和技术监管难度大的特点，建立了企业质量地理信息系统，从而利用Web、GIS、GPS技术等实现对企业质量地理信息的网上显示、查询、量算、分析、监管等功能。

(2)针对食品生产安全监管的新要求，系统建立了食品生产企业专题图层，并根据用户的要求，建立了食品安全监管责任分区，系统可以确定任意责任区内的食品企业、第一责任人。若发生食品生产安全事故，系统可以自动确定突发事件的位置、最佳行车路线以及食品安全应急预案等。

(3)为了实现对企业质量监管由被动变主动，系统开发了自动检索预警功能，有效地提高了质量监管的预见性、及时性和准确性。

(4)系统通过利用Oracle强大的存储过程技术和独特的查询辅助表的设计，可以实现信息的任意组合条件的检索和统计，并可将结果直接与相关办公系统结合起来，这与已有的有限条件的组合查询相比有了很大的进步。另外，系统独特的字典检索一体化控件，有效地解决了在内容繁多的字典中实现快速检索并录入的关键技术。

4.1.2　项目背景

随着全球信息化浪潮的不断高涨,信息产业将成为全球规模最大、最具活力的产业,信息化已成为现代化的重要标志。为了适应信息社会发展的要求;为了对社会经济可持续发展提供重要的支持;为了实施对企业产品质量更有效的监管、提高质量技术监督工作的质量和效率;为了给社会提供方便、快捷的信息服务,为政府决策提供及时、准确的信息支持;为了对质量技术监督部门实现统一管理、政令畅通、资源共享、协同办公提供保证,国家和河南省质量技术监督部门领导要求各地市质量技术监督部门加快信息化建设的步伐。为此,本节结合安阳市质量技术监督局信息化项目的开发,重点探讨分析 GIS 在企业质量监管信息系统中的应用。

安阳市质量技术监督局是贯彻执行国家有关质量技术监督方面的方针、政策、法律、法规、规章,拟定本市质量技术监督方面的地方性法规和规章并组织实施,负责质量技术监督综合管理和行政执法工作的安阳市政府直属机构。它主要的监管工作有:质量认证、食品监督管理、计量管理、标准化管理、特种设备管理等。当前国家质量监督检验检疫总局和省局所下发的有关质量技术监管的软件 CQS 系统是对企业质量技术进行宏观管理的软件系统,主要是对企业质量档案的统计汇总和分析,但它不能满足地市质量技术监管部门对企业质量技术监管的日常工作的需要。安阳市质量技术监督局为了能够对企业产品质量认证、食品监管、计量、标准化、特种设备等进行科学、高效、高质量的日常管理,为了满足国家总局和省局对市局质量技术监督管理信息网络化的要求,为了使安阳市质量技术监督局尽快实现信息化建设的目标,就必须在市局建立安阳市质量技术监管信息系统。

要在市局全面进行信息化建设,建立安阳市质量技术监管信息系统,不但投入资金多,工作量大,而且建设周期长,在短时期内也不能发挥效益。对此,安阳质量技术监督局提出了信息化要分三期建设的思想。第一期的任务是:建立市局内部局域网络,并和省局内部网络连接;建立企业质量技术档案基础信息数据库,进行企业质量档案的管理;对企业产品和食品进行监管;建立安阳市质量技术监督局网站等。

第二期的任务是:建立安阳市区、县和市局的二级质量技术监督二级网络;各区、县建立和市局对应的基础数据库(企业质量档案和企业产品监管档案数据库)与质量监管网站,实现在全市局范围内的数据共享和数据交换;完成全市范围内的各应用子系统的建设。第三期的任务是:实现市局内部产品质量认证的动态办公;主要企业完成在网上进行产品认证申报、网上登记、网上产品发布等,在全市范围内实现对企业和企业产品的动态监管。安阳市质量技术监管信息系统按照三期进行建设就能边建设、边投入使用、边发挥效益。

4.1.3 系统建设的目标

系统建设的目标如下:

(1)建立安阳市质量技术监督局计算机局域网络,并和河南省质量技术监督管理网络连接。

(2)在网络基础上建立质量技术监督管理基础信息数据库和图形库。

(3)建设安阳市质量技术监督管理网站,对社会进行信息的发布和采集。

(4)在网络、数据库、图形库、网站建设的基础上开发企业质量档案管理与对企业产品和食品的监管管理。

通过安阳市质量技术监管信息系统第一期的建设,不但实现了安阳市质量技术监督局网络和河南省质量技术监督管理网络连接,实现市局管理信息的上传,而且为建立安阳市质量技术监督局市、县两级网络打下了基础。所建立的数据库和质量档案及对产品的监管软件,除实现了有关企业质量档案信息共享外,还在当前管理工作中能够方便地对企业质量档案与产品和食品的监管情况进行登记、编辑、查询、统计及分析。这样不但能够实现对安阳市企业质量管理、企业产品监管和其他质量技术状况进行宏观控制,还能够对企业质量技术情况进行微观管理,而且能够应用系统进行日常办公,从而加强了对企业产品质量监管的力度,也提高了市局办公的效率和质量。因此,该系统的建立不但为以后安阳市质量技术监督局的信息化全面开发建设打下了一定的基础,而且也能产生一定的社会效益和经济效益。

4.2　用户需求

4.2.1　功能要求

4.2.1.1　企业质量档案管理

（1）建立质量技术监督局基础数据库，当前该基础数据库中应包括企业质量档案数据与对企业产品和产品生产许可证进行日常监管的数据。

（2）企业调查的质量档案能够进行登记录入、修改编辑并存储。

4.2.1.2　对企业产品（食品）生产许可证和产品（食品）进行监管

（1）企业产品和产品生产许可证监管档案能够进行登记录入、修改编辑并存储。

（2）企业食品生产许可证监管档案能够进行登记录入、修改编辑并存储。

4.2.1.3　对质量档案和产品监管信息进行查询统计

对单独的质量档案和产品监管信息提供多种查询统计方式，如单项、多项、任意条件的精确和模糊的查询、统计与汇总，并按照用户要求格式进行输出（显示、打印）。

4.2.1.4　企业质量监管地理信息系统

（1）建立安阳市企业质量监管地理信息系统。

（2）能够对安阳市企业按照图形和图形属性进行管理：建立企业图形层，对企业图形能够进行绘制、编辑，从图形上对企业的属性（企业各种信息）进行查询或统计。另外，根据企业信息（图形的属性）在图上查询企业。

4.2.1.5　数据的交换

（1）能够按照国家总局和省局的要求格式向上级传送企业质量档案的有关电子数据。

（2）安阳市质量技术监督局下属的各区、县局可以和市局一样利用本软件对企业质量档案和日常的监管档案进行管理，并能够通过网络(市局内部网络建成后)或数据导出的方式直接向市局传送数据。

4.2.1.6 建立安阳市质量技术监督局网站

建立安阳市质量技术监督局网站,对社会发布有关质量技术监督方面的各种信息,接收社会各界对产品质量方面的投诉等信息。

4.2.1.7 系统扩充和维护

(1)对软件能够进行灵活、方便的扩充,包括数据库的扩充和功能的扩充。

(2)软件具有方便的系统维护功能。

4.2.2 性能要求

(1)软件运行稳定、可靠的要求:①软件运行稳定、可靠;②软件正式投入使用后系统的故障率低;③软件运行中若发生故障不影响已有数据的安全;④软件运行效率高;⑤应有完善的系统维护功能。

(2)软件的风格和界面的要求:①软件的风格和界面要和 Windows 保持一致;②提供必要的警告、提示、运行状态显示、帮助等;③有关操作能在一层界面中完成的不要展开为多层操作;④软件运行效率高。

(3)容错能力的要求:①对用户的输入操作,在值域范围内进行有效性检查,具有一定的抗干扰能力;②杜绝因操作失误引发系统故障;③尽可能利用列表选择代替手工输入,以减少出错几率。

(4)安全保密性的要求:①软件要有严格的数据维护和保护措施,以防止意外的数据丢失和人为的破坏;②软件提供保密和权限角色机制,防止无故侵入和越权操作。

4.3 系统分析与设计

4.3.1 系统分析

4.3.1.1 信息的种类

本软件的系统分析主要集中在信息分析上,信息有多种分类方法,管理信息是按照质量管理的业务进行划分的。从信息的性质方面可以分为企业质量档案信息和工业产品与产品生产许可证监管信息两大类。从信息的类别方面可以分为企业基本情况信息、企业产品信息、标准化管理信息、计量管理信息、特殊设备管理信息、对企业产品生产许可证监管的信息、对企业生产产品监管的信息等。从信息的流动角度可划分为市局内部管理的信息、对外发布的信息、从外部接收的信息等。另外,从图形角度可划分为图形信息和图形的属性信息。

4.3.1.2　信息的关联

以上的信息都是以企业基本情况信息为基础,其他所有信息都是在企业基本情况信息基础上派生的信息。这些信息的管理分为其他所有信息和企业基本情况信息的关联。这些信息的关联渠道都应该通过企业的唯一标志“企业组织代码”或“厂商识别代码”进行关联,由于个别企业没有办理这些代码,因此系统就要对每一个企业设置唯一的标志——系统自动产生的企业编号,即 ID 号。这样,有关信息、企业产品则通过企业 ID 号进行关联。而企业产品和其他信息的关联则通过企业 ID 号和产品名称进行关联。另外,图形中的企业也可以通过企业编号把企业属性和企业图形进行关联(见图 4-1)。

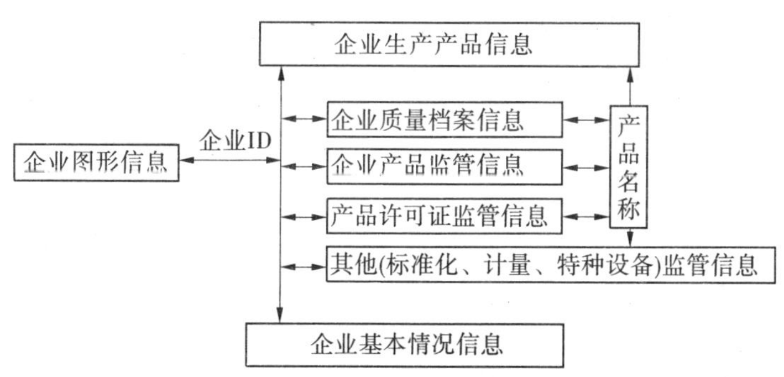

图 4-1　企业各种信息的关联

4.3.1.3　信息的交换

由于安阳市质量技术监督局在市政府中是政府的直属机构,它向上要对市政府负责,向下还要对区、县的质量技术监督局进行管理。安阳市质量技术监督局在国家质量技术监督行业中也是处在中间位置,向上受河南省质量技术监督局管理,向下要对区、县的质量技术监督局行使领导管理职权。因此,企业质量管理的信息就存在对上要进行上传和接收市政府与河南省质量技术监督局的信息,对下也要下达和接收下级部门的有关信息(见图 4-2)。

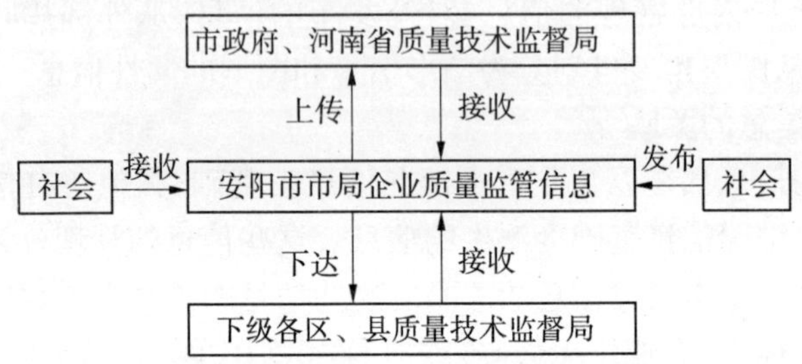

图 4-2　信息的上传、下达、发布和接收

对于和下级部门进行的信息交流比较好处理,由于将来下级各局也要使用本软件进行办公。因此,不存在数据格式的问题,其数据格式按照本软件的格式即可,有市局二级网络时利用网络直接传送,没有二级网络时则利用活动 U 盘进行导出和导入。

对于和市政府的数据交换,只要把市政府需要的有关数据进行整理,通过市政府网络发布或直接交给市政府即可。

和社会的信息交换,通过网站就可以对社会进行信息发布和接收社会有关单位与个人发来的信息。

本软件需要重点考虑的是和河南省质量技术监督局数据的交换问题。因为省局对企业质量档案的电子数据格式有一定的要求,所以市局要按照省局的要求和省局进行数据交换,特别是在向省局报送数据的时候。

4.3.2　系统设计

4.3.2.1　系统设计原则

1. 实用性原则

所建立的安阳市质量技术监管信息系统是一个应用系统,实用性是衡量一个应用系统质量的最重要指标之一。功能的实用性、用户界面的友好性及用户使用的方便、灵活程度是其最主要的要求，同时也是所有信息管理系统得以应用的基础。开发一个应用系统必须密切联系单位的实际工作，结合安阳市质量技术监督局的各种业务，充分满足用户当前信息管理及今后长远发展的各种需求。

2. 先进性原则

先进性体现在最大限度地提高所开发系统的使用寿命和可扩展能力，减少重复投资等方面。系统的网络设备、软硬件平台、功能和开发目标要有较高的起点，要尽量采用先进的技术和手段进行软件开发和系统建设，以保证所建设的系统具有较长的使用周期。

3. 开放性、可扩展性和规范化原则

开放性主要是全面支持各种应用功能的扩展，为整个系统功能的完善、更新和扩充提供保证的重要性能，是体现系统生命力的重要标志，是将来进行系统扩展和升级的重要保障。当前开发的是局部功能，所以在进行网络、网站、数据库、功能模块等设计时要全面考虑以后建立整个系统的需要。系统的开放性、可扩展性不但要体现在网络建设和应用软件开发方面，而且要体现在系统的标准化、规范化方面。标准化、规范化是在网络的建设、数据库的建立、信息的采集等方面都要符合国家、省局质量技术管理方面的标准和要求，从而使开发的系统在和其他系统连接方面、系统的开放性方面有可靠的基础。标准化、规范化包括两方面：一方面，系统软件的开发一定要遵循国家质量技术监督管理的有关法规、政策和行业标准；另一方面，系统软件的开发应按照软件工程的规范标准进行。

4. 安全性、可靠性原则

安全、可靠是管理信息系统运行的最起码要求。因此，在系统的建设实施等过程中，必须全面、细致地考虑各种可能遇到的情况，规划出合理的解决方案，为整个系统的安全、可靠运行提供保障。此外，确定严密的测试方案和维护方案，也是保证系统可靠性的重要手段。为保障系统和数据的安全，一方面，要加强数据和系统的保密性，避免非法用户对系统的侵入和对系统数据的侵扰；另一方面，要增强系统的恢复机制和能力，以避免因系统受到侵害或发生故障时的损失，如完善备份机制,存储系统采用RAID技术等。除技术手段外,系统运行时要有严格的管理机制,以保证系统具有稳定、快速、安全、可靠、连续的运行能力。

4.3.2.2 系统设计方法

为了系统组织、维护、扩充的方便,本系统的设计必须利用结构化设计思想来完成系统的设计和集成。在进行系统分析和设计时按照功能进行模块的划分,利用这些模块组成各类应用系统。

4.4 数据库设计

4.4.1 数据库设计原则

在进行数据库设计时,必须下大工夫分析数据,建立系统的信息模型。数据库及数据表结构是系统功能赖以生存的基础。只有建立合理稳定的数据库结构,才能保证系统的信息集成与共享,并消除信息冗余、不完整和不一致的隐患。同时,可使系统具备易维护、易扩充的特性。在进行数据库设计时应遵循以下原则:

(1)数据一致性。系统涉及质量技术监管的各个方面,数据种类繁多、数据量大、有些数据之间的联系紧密,因此在进行数据库设计时要考虑到数据的一致性。为此,数据要在唯一入口录入,以避免重复录入,保证数据完整性和一致性。

(2)可扩充性。考虑到系统要适应以后发展的需要,数据库设计在满足当前需求的同时,必须适应整个系统进一步开发、扩充的需求。

(3)结构合理,尽量减少冗余。数据库的设计要尽量符合第三范式,结构合理,减少冗余。但考虑到关联和有关需要,在个别表设计时要留有一定的冗余量。

(4)安全性。依据数据库管理系统的安全机制,采用身份认证技术保证系统的安全保密性。为了方便系统管理员为系统的使用人员设置使用权限,我们引入“角色”概念,根据工作需要将系统的使用人员分成若干类“角色”，并对各个“角色”定义基本的使用权限。

(5)有利于数据备份与恢复机制。建立积极稳妥的数据备份与恢复机制，是保障数据安全性的关键措施。

(6)有利于实现和河南省质量技术监督局的数据交换。

4.4.2　质量技术监管信息系统数据库

由于本系统的数据库分为局域网络数据库和外部网站用的数据库两种，因此系统的数据也要设计两个数据库：一个是内部数据库 AYZJDB，一个是外部数据库 AYZJDB_1，AYZJDB_1 是 AYZJDB 的子集。

4.4.3　数据库的数据表

数据表的设计(表名和表结构)若和 CQS 系统数据库保持一致，市局增加的内容另外挂数据表进行管理，这样和国家质检总局 CQS 系统数据交换问题就很容易解决。但这样设计，一方面，要花大力气对 CQS 系统数据库进行分析；另一方面，原来 CQS 系统数据库不合理的部分都要继承，而市局需要增加管理的内容要兼管 CQS 系统，其数据表设计也不会很合理。所以，本软件数据库的数据表设计只根据实际企业质量管理需要进行，若需要向省局传送数据，在分析了 CQS 系统数据库后，可专门设计两个系统关联的中间数据表来实现。

数据库的数据表主要分为 5 类：企业质量档案数据表、工业产品生产许可证及企业产品监管数据表、食品生产许可证企业及企业食品产品监管数据表、其他业务的监管数据表、系统的其他数据表。

对于 AYZJDB_1 数据表的设计，可以在 AYZJDB 数据表结构设计的基础上，过滤掉一些表或有些表的字段就可以生成 AYZJDB_1 数据表；也可以利用 AYZJDB 数据表中的所有表，只是存储的数据没有 AYZJDB 全。因此，下面只对 AYZJDB 数据表进行结构设计。

4.4.3.1　企业质量档案数据表

(1)企业基本情况表。

企业基本情况表(主表)：da_qyjbqk_1；

人大代表政协委员姓名表:da_qyjbqk_2;

企业编号尾号表:da_qyjbqk_9。

(2)质量管理状况表。

质量管理状况表:da_zlglzk_1;

质量获奖情况表:da_zlglzk_2。

(3)产品质量状况表。

产品质量状况表:da_cpzlzk_1;

产品质量状况指标名称表:da_cpzlzk_1_1——记录产品质量状况指标项目;

产品质量水平比较表:da_cpzlzk_2;

产品质量状况附记表:da_cpzlzk_3——记录负责人、填表人、填表日期。

(4)防伪技术产品生产表与应用表。

防伪技术产品生产表:da_fwjs_1;

防伪技术产品应用表:da_fwjs_2;

防伪技术产品生产应用附记表:da_fwjs_3。

(5)质量监督活动状况表。

质量监督活动状况表:da_zljdhd_1;

质量监督活动状况附记表:da_zljdhd_3。

(6)标准化管理表。

标准化管理表:da_bzhgl_1;

产品标准化管理表:da_bzhgl_2。

(7)计量管理表。

计量管理表:da_jlgl_1。

(8)许可证管理表。

许可证管理表:da_xkzgl_1;

许可证管理附记表:da_xkzgl_3。

(9)特种设备监督检验表。

特种设备监督检验表:da_tzsbjdjy_1;

特种设备使用管理表:da_tzsbjdjy_2;

特种设备监督检验附记表:da_tzsbjdjy_3。

(10)获得认证情况表。

获得认证情况表 1:da_hdrzqk_1;

获得认证情况表 2:da_hdrzqk_2;

获得认证情况附记表:da_hdrzqk_3。

(11)产品质量综合评价表。

产品质量综合评价表:da_cpzhpj_1;

产品质量综合评价附记表:da_cpzhpj_3。

(12)质量违法与投诉状况表。

质量违法与投诉状况表:da_wfytszk_1;

质量违法与投诉状况附记表:da_wfytszk_3。

(13)档案审核表。

档案审核表:da_dash_1。

4.4.3.2　工业产品生产许可证及企业产品监管数据表

(1)工业产品生产许可证管理企业基本情况表。

工业产品生产许可证管理企业基本情况表:jg_gycpxkz_jbqk_jb;

实施许可证产品表:jg_gycpxkz_jbqk_cp;

企业主要人员情况表:jg_gycpxkz_jbqk_ry;

主要生产设备、工装明细表:jg_gycpxkz_jbqk_sb;

主要检测仪器设备明细表:jg_gycpxkz_jbqk_jcyq。

(2)工业产品获证后监管情况表。

获证后要素变化及办理相关手续情况表:jg_gycpxkz_hzh_sx;

获证后年度审查及监督检查情况表:jg_gycpxkz_hzh_sc;

获证后日常监督管理情况表:jg_gycpxkz_hzh_jd。

(3)产品监督、执法和投诉处理情况表。

产品监督抽查情况表:jg_gycpxkz_jdzf_cc;

执法查处情况表:jg_gycpxkz_jdzf_zf;

投诉处理情况表:jg_gycpxkz_jdzf_ts。

(4)许可证书监管情况表。

许可证书换发情况表:jg_gycpxkz_xkz_hf;

许可证书注销、撤销、吊销情况表:jg_gycpxkz_xkz_zx;

无证企业限令申办许可证情况表:jg_gycpxkz_xkz_xb;

新产品督办许可证情况表:jg_gycpxkz_xkz_db。

(5)工业产品生产许可证管理其他情况表。

获取市级以上荣誉情况表:jg_gycpxkz_qt_ry;

涉及国家产业政策情况表:jg_gycpxkz_qt_zc;

企业管理体系认证情况表:jg_gycpxkz_qt_rz;

人员培训情况表:jg_gycpxkz_qt_px;

档案管理记录表:jg_gycpxkz_qt_da;

其他说明事项表:jg_gycpxkz_qt_qt。

(6)河南省工业产品生产许可证获证企业监督管理工作汇总表。

产品生产许可证获证企业监管工作汇总表1:jg_gycpxkz_gzhz_1;

汇总的项目名称表11:jg_gycpxkz_gzhz_1_1;

产品生产许可证获证企业监管工作汇总表2:jg_gycpxkz_gzhz_2;

汇总的项目名称表21:jg_gycpxkz_gzhz_2_1;

产品生产许可证获证企业监管工作汇总表3:jg_gycpxkz_gzhz_3。

4.4.3.3　食品生产许可证企业及企业食品产品监管数据表

(1)食品生产许可证企业及企业食品产品基本情况表。

食品生产许可证企业基本情况:jg_spcpxkz_jbqk_jb。

(2)食品生产许可证企业及企业食品产品监管其他数据表。

除以上的基本情况外,食品生产许可证企业及企业食品产品监管数据表可以使用工业产品生产许可证及企业产品监管用表。

4.4.3.4　其他业务的监管数据表

除工业产品、食品监管外,还有其他监管业务:计量管理、标准化管理、特种设备管理等。当前对这些业务的监管非常少,计量管理、标准化管理只是在原来“企业质量档案”相关表中增加了部分数据项;而特种设备管理是在利用省局的软件系统。对于这些管理,除要对企业的计量、标准化、特种设备进行管理外，还存在对其他非企业单位相关设备进行管理的内容。因此，都存在一个需要管理的主体（事业或其他单位）。对这些单位要管理的数据项，比对企业管理的数据项要简单。为了保证系统的一致性，这些单位用的基本情况表仍可采用企业基本情况表（主表）：da_qyjbqk_1 和相关附记表。

4.4.3.5　系统的其他数据表

（1）人员情况数据表。

办公人员表：a_j0_yhbm；

人员角色表：a_j0_jsbm；

人员权限表：a_j0_ryqx；

功能模块表：a_j0_gnbm；

角色功能表：a_j0_jsgn。

（2）信息编码表。

①专用信息编码表。

区域、单位机构编码表：b_bm_qydwjg；

国民经济行业分类信息编码表：b_bm_hyfl；

注册类别信息编码表：b_bm_zclx；

产品类别信息编码表：b_bm_cplb。

②其他信息编码表。

数据编码类型编码表：a_j0_sjbmlxbm；

数据编码表：a_j0_sjbm。

（3）其他数据表。

数据文件名称和数据库表的对应表：b_sjjh_dyb；

数据交换情况记录表：c_sjjh_qkjlb；

数据交换方向表：c_sjjh_jhfx；

数据交换传递表：c_sjjh_cd；

数据转换表：c_sjjh_sjzh，该表在对有关系统数据结构进行分析后方可确定。

4.5　空间数据库设计

4.5.1　基础图

4.5.1.1　基础图的概念

基础图就是安阳市的行政区划图。该图主要包括行政区、道路、铁路、水系、公园、医院、学校、机关、商场、车站、城市主要绿地、主要标志物和地物等,该图一般情况下不进行编辑和维护。若行政区有了变更或其他变化,该基础图由市统一进行编辑和修改。

4.5.1.2　基础图的生成

基础图的生成有两种方式。一种方式是利用安阳市已经有的数字化图,在这种数字化图中选择有关的行政区、道路、铁路、水系、公园、医院、学校、机关、商场、车站、城市主要绿地、主要标志物和地物等图层,即可形成基础图。另一种方式是对标准的安阳市行政区图进行扫描、矢量化并分层生成基础图。本系统基础图的生成采用第一种方式。

4.5.2　图形的分层

4.5.2.1　基础图的分层

基础图可以划分为若干层。道路、铁路、水系、公园、医院、学校、机关、商场、车站、城市主要绿地、主要标志物和地物等可继承原来图形的层。

4.5.2.2　企业图形符号和分层

(1)企业图形的符号:一般工业企业——▲;食品企业——▼;其他行政事业单位——◆。

(2)企业图形的分层:考虑到图形维护的方便,系统不是把企业划分成一个层,而是按照行政区进行划分,每个区、县的企业图形分成一层,企业的图层名称和行政区的区划编码一样。为了方便安阳市局对图形进行查询、统计和维护,在每个区、县图形分层的同时,还可以把所有的行政区放到一个图层中。这样,安阳市局要打开企业图形时就会同时打开所有的企业图形,而各区、县则只打开本辖区的企业图层。该图层中通过行政区的编码和行政区图形的编码进行关联。

4.5.2.3　图形层的编码(文件名称)

基础图的图层文件名称(编码)继承原来图形的文件,企业的图形层按照行政区的区划进行编码,如表 4-1 所示。

表 4-1　企业图形的编码

企业图形编码(文件)	行政区名称	备　注
q_41	河南省	全省所有企业图层
q_4105	安阳市	全市所有企业图层(含 9 县、区)
q_410501	安阳市辖区	安阳市辖区所有企业图层(含 5 区)
q_410502	文峰区	文峰区企业图层
q_410503	北关区	北关区企业图层
q_410505	殷都区	殷都区企业图层
q_410506	龙安区	龙安区企业图层
q_410509	开发区	开发区企业图层
q_410522	安阳县	安阳县企业图层
q_410523	汤阴县	汤阴县企业图层
q_410526	滑县	滑县企业图层
q_410527	内黄县	内黄县企业图层
q_410581	林州市	林州市企业图层

4.5.2.4　图形的属性表及关联

企业图形的直接属性表主要是企业基本情况表(主表):da_qyjbqk_1。企业基本情况表的唯一标志是企业编码(ID)。企业图形符号的编号也按照“企业编码(ID)”进行编码。这样,企业图形符号就和企业进行了关联,而企业的其他属性表都可以利用该编码和企业图形进行关联。

4.6　信息编码

4.6.1　信息编码的作用

在建立一个管理系统时,信息编码是有效地组织和使用数据的手段，它在数据采集、数据处理和成果的输出等过程中均起着至关重要的作用，主要体现如下：

(1)能够最大限度地反映信息的客观规律。不但能够反映信息的横向联系，也能够反映信息间的纵向联系。

(2)能使系统建设和业务管理更加规范化和科学化。

(3)可以为各种用户提供高效率、高质量的服务。

(4)能够对企业质量的监管提供方便快速的查询和统计。

(5)利用信息编码可以实现系统内部的有机控制。

4.6.2　信息编码的原则

信息编码的原则如下：

(1)利用国家或行业现有的编码。

(2)科学性原则。信息编码应反映房地产信息的客观规律，根据企业档案管理信息的特性及用户的需求进行分门划类，做到信息码由上到下、由点到面的展开，层次分明、不重不漏，使纵向反映隶属关系，横向反映邻接关系。

(3)实用性原则。信息编码要尊重传统的方法和做法，易读易记，使用户容易接受。编码不应太长，最好用层次码进行编写。

(4)统一性和规范性原则。为了适应计算机网络，实现数据共享，使信息在系统中发挥最大效益，应统一对房产信息进行编码，并遵照国家有关编码标准和规范。

(5)可识别性原则。编码主要用字符和数字组成，使编码易于识别并方便系统利用。

(6)可扩充性原则。编码无论从种类上还是每种的数量上均可扩充，扩充后并不影响原来的编码体系。

4.6.3　系统的信息编码内容

本系统的信息编码主要包括：①区域、单位机构编码表；②国民经济行业分类信息编码；③生产许可证管理产品名称编码；④系统其他信息编码。

4.7　质量档案管理和产品监管数据流程图

系统数据流程图见图 4-3。

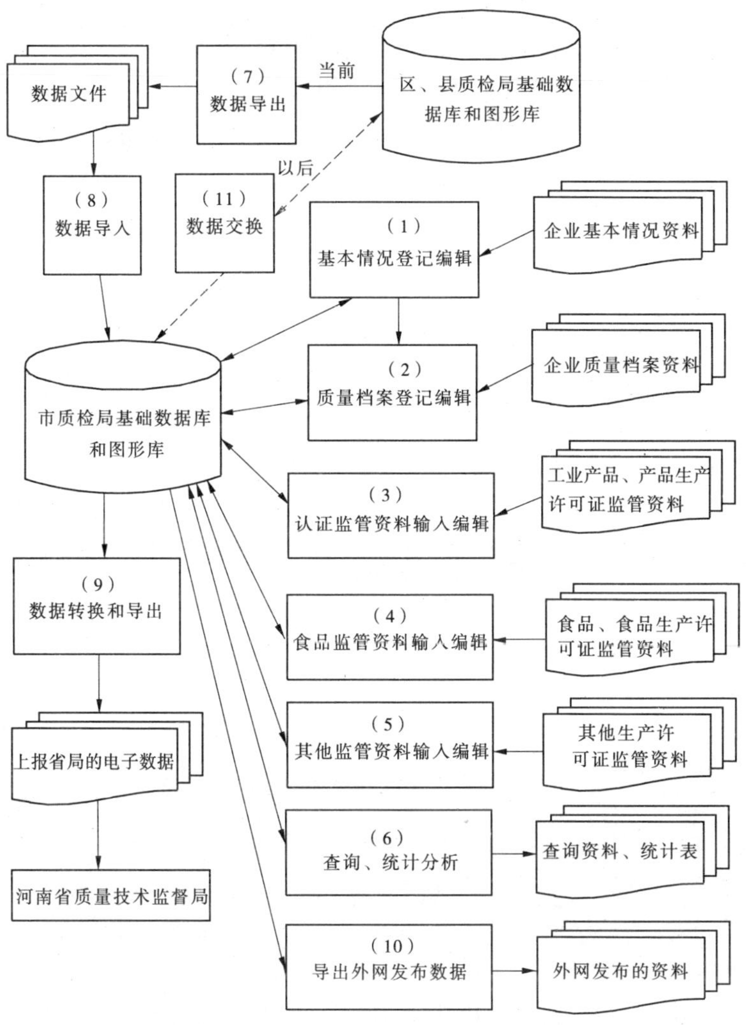

图 4-3　系统数据流程图

4.8 系统所依据的基本原理

4.8.1 系统所依据的原理

4.8.1.1 系统的组成

企业质量技术监管信息系统是为适应质量技术监管部门在网络环境下实现对企业质量进行动态技术监管的需要而开发的综合质量技术监管信息系统,包括企业质量档案信息系统和企业质量地理信息系统两部分组成。

1.企业质量档案信息系统

企业质量档案信息系统分为服务器版和客户端两部分。根据质量技术监督局的要求,企业定期向质量技术监督局报送企业的质量、计量、标准、认证等方面的数据。过去,企业都是报送各种报表。现在,企业可通过质量档案信息系统在本单位的计算机上直接填写各种企业质量数据,通过互联网或专网,直接提交到质量技术监督局服务器端的质量监管数据库中;质量技术监督局可以随时通过办公系统或质量技术监督系统,对企业的质量数据进行检查、对比和分析,并可随时进行现场质量监督活动,也可根据工作需要,通过内网或外网发布企业的质量档案信息。

2.企业质量地理信息系统

本模块主要是质量技术监督部门为加强对企业的质量技术监管而开发的专用监管软件。由于大多数生产企业生产规模小、布局分散,而生产的产品质量直接关系到广大人民群众的生命和财产安全。特别是2004年国务院第59次常务会议将食品生产的质量监管任务划分给质量技术监督局后,质量技术监督局的监管任务更加繁重。而质量技术监督局的最基层单位是县一级的质量技术监督局,对于生产企业,特别是分散在农村地区的生产企业的监管,困难就更大。为此,运用地理信息系统技术、Web技术、GPS技术和MIS技术,建立企业质量地理信息系统,将辖区的各类生产企业的位置信息进行准确的定位采集,建立相应的图层,并通过企业组织机构代码实现和企业质量数据库的关联,在质量技术监督局的内网上,实现对企业地理位置的查询,并可同时查询企业的质量信息,分析企业周围所处的辖区,邻近的居民地、河流、道路等信息。

4.8.1.2　主要技术性能指标

(1)系统的硬件环境:系统分为服务器端和客户端。服务器要求有数据库服务器和 Web 服务器,客户端计算机要求为在 PIII600 M 以上,至少 128 MB 内存,电话拨号或宽带。

(2)操作系统为 Windows 2000 或 Windows XP 等。

(3)数据库采用国家质量技术监督局选定的系统,采用性能稳定、在全世界大型信息系统中使用量最大的关系数据库 Oracle 来对数据进行管理。

(4)采用 Java 语言进行开发。系统采用集中式管理的方式进行数据库设计,将数据库集中存放在市局的中心机房,各县、区局和企业本地没有任何数据库和业务数据。整个系统采用 B/S 模式进行开发,所有程序都集中安装在市局的中心机房,各县、区局和企业本地没有任何程序,通过网络以“浏览网页”的方式进行日常业务办理。

(5)地理信息系统支持国家的标准系列矢量地图数据、栅格地图数据、影像数据等。

(6)支持通用数据格式的相互转换。

(7)支持跨图幅的地图搜索。在单机条件下,核心算法速度快。在 5 万个道路节点的情况下,核心算法查找时间在 1 秒之内;在全国 800 多幅 1∶25 万地图数据的情况下,全国任意两点之间最短路径搜索在 5 秒之内,很好地实现了跨图幅搜索。

(8)多源海量地图数据的管理。能够将任意幅地图实现动态无缝拼接,能同时管理的数据在 40 GB 以上。

(9)人机界面采用人性化设计,灵活方便。

4.8.1.3　系统的创新

1. 应用创新

本项目将地理信息系统(GIS)技术和企业质量技术监管信息系统

有机地结合在一起，运用 Web、GIS、GPS、MIS 技术实现了企业质量档案数据和企业质量地理信息的有机统一，具有对企业质量地理信息的网上显示、查询、量算、分析和监管等功能。这在国内属于首创。

我国企业数量多、分布广，质量水平参差不齐，监管难度大，质监工作中存在着诸如企业底数不清等问题。本项目将 GIS 技术引入质量管理监管系统，充分发挥 GIS 展现功能，质量监管信息的汇总、存储、查阅、综合分析及利用更加直观和快捷，为质量监管工作提供直观、便捷和实用的信息平台，显著地提高了工作效率。

2. 技术创新

(1)基于 Web 的企业质量地理信息系统在体系结构上采用多层体系结构，从层次上分为表现层、业务逻辑层和数据层。具体由浏览程序、PosaGIS 服务器和管理者组成。GIS 服务器由空间服务器(Posa MapServer)、代理服务器(Posa MapProxy)、空间服务访问桥(Posa MapBridge)和桥连接器(Posa Bridge Connector)组成。GIS 服务器产品的基础是 PosaGIS 组件，PosaGIS 组件为基于分布式对象技术标准构建的从底层用 VC + + 开发的组件。系统基于 Windows 平台，在 VC + +6.0 集成环境下，采用 COM/DCOM 技术，进行了 Web GIS 服务器中的空间服务器、代理服务器和空间服务访问桥的自主开发(见图 4-4、图 4-5)。

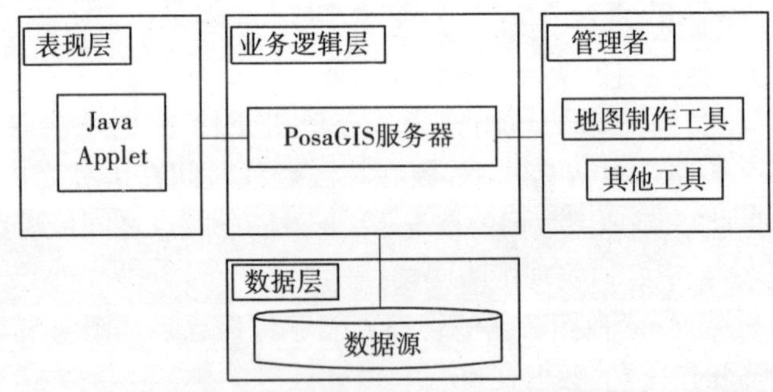

图 4-4　企业质量地理信息的 Web 体系

(2)多源多尺度海量数据管理与显示。多源多尺度海量数据是多种数据格式、多种数据来源、多种类型、多种分辨率和大容量的地理信息数据。多源多尺度数据的管理包括二维空间数据的多尺度管理、三

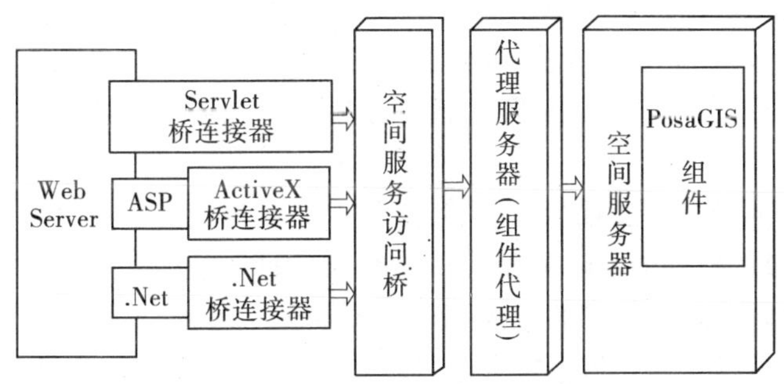

图 4-5　企业质量地理信息的服务器体系

维空间数据的多尺度管理和三维模型的多尺度管理。

在多源多尺度海量数据管理中,围绕数据的可视化研究,针对包括要素层的符号样式灵活设置与管理及针对实体的制图综合和查询等关键问题,提出了两个数据模型,即要素对象和要素类别。所谓要素对象,是由一个或多个要素组成,甚至是由点要素、线要素或面要素组合而成的一种新数据类型,它直接对应现实世界中的实体,如一个由多个街区多个独立房组成的居民地,一个由多条线状河流、面状水库组成的水系。所谓要素类别,就是在地图要素类的基础上再分类,相当于要素亚类的概念。要素类别数据是地图要素的衍生数据,它根据一些条件创建而成。这样,对要素层的绘制就转化为对要素层所属类别的绘制,每个类别可设置不同的符号显示控制样式。当前,实现多源数据集成的方式大致有三种,即数据格式转换模式、数据互操作模式和直接数据访问模式。本系统采用的数据集成方式具有数据格式转换模式和直接数据访问模式的优点,并能克服信息丢失和数据编码不同等问题。

(3)图形标绘技术。图形标绘借鉴了军事标图技术的设计思想,开发了图形标绘动态库,建立了企业质量管理符号库,将地图符号的制作和企业质量符号的制作融为一体,符号库对用户完全开放,不同用户使用符号制作工具对企业质量符号库进行扩充,定制自己的符号库。图形符号具有丰富的图形效果和强大的编辑功能,它与 GIS 紧密结合,采取类似于地图图层的方式对图形标绘内容进行分层管理。地图比例尺缩放时,可以有效控制符号的显示比例。图形符号突破单一图形的特点，每一层的标绘符号都可以动态地关联任一数据库，外挂文字、图片、录像、声音、小型数据库等多媒体信息，使图形的内容大大丰富。利用图形标绘可以完成各业务部门专题空间数据和属性数据的有效管理。

(4)系统针对食品生产安全监管的新要求，建立了食品生产企业专题图层。根据国家政策和用户的要求，系统可以建立食品安全责任分区，可以确定辖区内的企业和第一责任人。若发生食品生产安全责任事故，可以自动确定突发事件的位置、最佳行车路线以及食品生产安全应急预案等。

(5)应用 Oralce 系统，实现任意组合条件下的检索和统计，可以将结果直接和办公系统有机地结合起来。

(6)针对企业的产品质量需要定期进行检测，特种设备如电梯、起重机、计量器具等需要定期检验，许可证需要认证等，系统开发了自动检索预警功能，在指定的时间内自动提醒质检人员和企业，产品和设备需要进行检测与检验，有效提高了质量监管的预见性、及时性和准确性，可以有效地避免事故的发生(见图 4-6)。

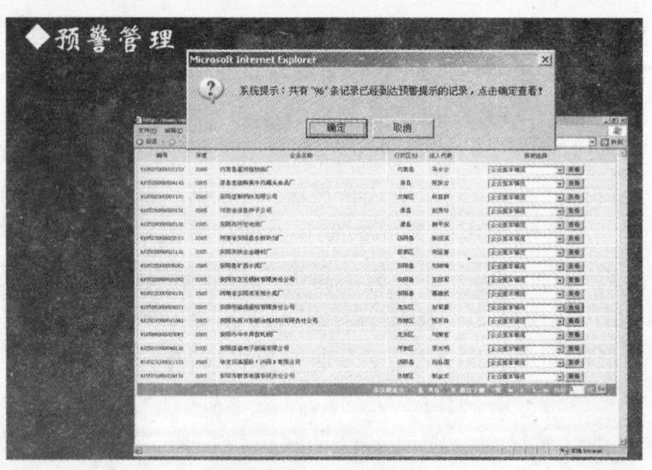

图 4-6　预警管理

(7)针对企业产品、标准、计量种类繁多的特点，系统采用独特的字典检索一体化控件,在内容繁多的字典中实现了快速检索并录入。

4.8.2 系统的关键技术

4.8.2.1 数据库的组织、存放方式

根据本系统的目的和任务的要求,本系统在数据库的组织、存放方式上采用集中管理模式。集中管理模式是指把一个系统的多个用户的数据库集中存放在同一地理位置的管理运行模式。从市局到各个远程分局之间的网络连接可以使用租用专线的方式或通过互联网进行VPN的方式进行连接。如果采用VPN的方式进行远程网络连接,还应加装防火墙产品,以便分别利用VPN技术和防火墙技术的加密特性和防攻击特性对网络进行安全控制。

4.8.2.2 系统的结构体系和开发语言及数据库选择

系统采用B/S模式,利用J2EE技术进行开发,选用Oracle作为系统的后台数据库。

4.8.2.3 中间件技术

中间件软件是位于系统软件和应用软件之间的服务软件,其作用是解决分布式、异构、多事务系统下的协同控制和执行效率等方面的问题。客户端要把对数据库的访问请求发给中间件,中间件则负责与网络、服务器进行协调,直到所提交的请求完成为止。利用中间件还改变了数据库的存取过程,因为服务器端的中间件会协调服务器的进程,选择最佳的时机进行数据库的存取操作,从而提高了系统的整体性能。

4.8.2.4 基于Web技术的企业质量地理信息系统

企业质量地理信息系统主要实现对企业质量信息查询、定位、责任分区管理和处警指挥调度等功能,涉及的关键技术如下。

1. 在数据管理方面

根据当前生产企业质量技术监管的需要,本系统的地理信息数据包括基础地理信息数据和企业质量地理信息数据。为了加强对食品生产企业的监管,企业质量地理信息分为一般工业企业和食品工业企业。

对地图数据采用文件管理方式。由于质量技术监督局系统自省以下为垂直管理,在Web环境下,考虑到全省范围内多级比例尺用图的

需要,地图比例尺在全省范围内采用 1∶25 万地形图数据,地级市(县级)范围内采用 1∶5万比例尺数据,市区则采用 1∶1万比例尺数据。

本系统的基础地理数据采用矢量数据和栅格数据相结合的表达方法。对于企业质量地理信息数据,采用 GPS 对企业进行定位,然后经过处理,变换到与 1∶5万地形图相一致的高斯坐标系中。

对企业质量数据库等属性数据采用关系数据模型。由于企业的组织结构代码证在全国具有唯一性,系统以组织结构代码为关键字段,将企业地理信息和企业质量档案信息数据库进行有机结合。

2. 在数字地图显示方面

(1)多级网格索引技术。多级网格索引可以把全局搜索变为局部搜索,以提高访问数据的效率,是实现全区域漫游、无级缩放和快速查询的基础。多级网格索引主要是针对空间矢量地图数据而言的,因为全区域或大范围显示时主要采用的是地图数据,影像图(包括遥感影像)数据是在以地图为位置索引的基础上来显示小范围或局部的地理信息。

(2)R 树索引机制。采用 R 树索引机制不是为了提高数据的检索速度,而主要是用于地图图幅之间的索引。简单地说,这里是指地图图名树。所谓地图图名树,其实就是多级系列地图与非标准地图的嵌套层次关系的管理系统。建地图图名树的主要原因是大量地图数据检索的需要。一般情况下,当显示某一地域的地图时,在这个地域有多种格式的数据,且种类多样、图幅数众多,在如此庞杂的数据当中,系统要能快速检索到合适的地图格式、地图种类及涉及的图幅,没有一个高效的地图图名树是不可能实现的。

(3)分块算法。在传统的地图显示中,显示地图一般是按图元逐个要素显示,这种方法没有对图元进行选择,所以更新显示必须对文件完全处理一遍,且不论地图比例尺如何,显示的范围大小如何,都要对所有数据完全处理一遍,在时间上的耗费是惊人的。对于有大量数据的地图,漫游、放大、缩小等特殊显示功能实现起来就非常困难,这就要采用分块显示。

3. 在空间分析方面

空间分析方面所涉及的关键技术包括叠置分析和资源中心选址。叠置分析是把同一地区、同一比例尺的两幅或两幅以上的图重叠在一起,产生新的空间图形或空间位置上的新属性。在本系统中,运用该方法可以方便地确认任一企业所归属的食品监管责任分区及相应的责任人。资源中心选址主要是对食品监管进行合理的责任分区。网络分析主要是用于质量打假的需要。

4. 在软件功能设计方面

在系统总体结构采用软件工程和面向对象的原理,严格遵循需求分析、系统设计、系统实现、系统确认与支持的要求进行。在系统设计上采用结构化分析和面向对象的分析与设计。

5. 在查询技术方面

系统通过利用 Oracle 强大的存储过程技术和独特的查询辅助表的设计,可以实现信息的任意组合条件的检索和统计,并可将结果直接与相关办公系统结合起来,这与已有的有限条件的组合查询相比,有了很大的进步。另外,系统独特的字典检索一体化控件,有效地解决了在内容繁多的字典中实现快速检索并录入的关键问题。

6. Web GIS 技术

Web GIS 体系结构从层次上分为表现层、业务逻辑层和数据层。具体由浏览程序、PosaGIS 服务器和管理者组成。系统基于 Windows 平台,在 VC + +6.0 集成环境下,采用 COM/DCOM 技术,进行了 Web GIS 服务器中的空间服务器、代理服务器和空间服务访问桥的开发。在 JBuilder 和 Microsoft Visual Studio. NET 2003 集成环境下,进行了 Posa Web GIS 服务器中的 Servlet 桥连接器和 . Net 桥连接器的开发。在客户端采用 Java Applet,与服务器端的 Servlet 桥连接器进行交互,建立客户端的 Web GIS 应用。

4.9　系统的主要功能

企业质量技术监管信息系统是为适应质量技术监督系统对企业产

品质量进行全面监管而开发的综合信息管理系统，系统由企业质量档案信息系统和企业质量地理信息系统构成。

4.9.1　企业质量档案信息系统

为了对企业质量进行动态科学化管理，我们在企业质量信息普查的基础上，按照国家总局、省局的要求，结合企业质量技术监督的实际，建立了基于 Oracle 数据库和 Web 技术的企业质量数据库，在此基础上，开发了企业质量档案信息系统（见图 4-7）。

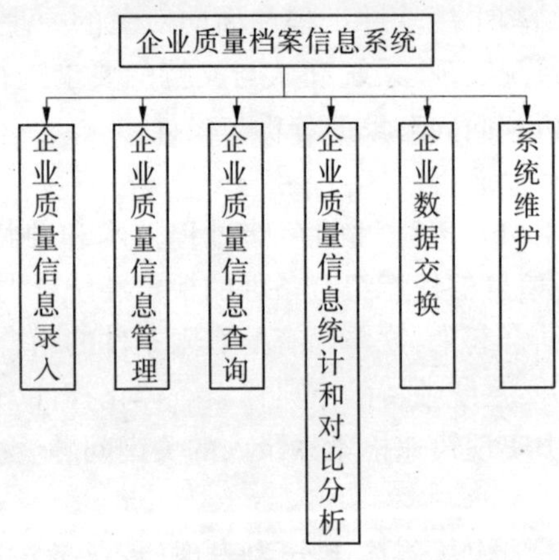

图 4-7　企业质量档案信息系统的组成

4.9.1.1　企业质量信息录入、管理

根据系统设计的要求，企业质量数据录入在 Web 上进行，根据业务的不同，对不同的科室授予不同的权限，各自录入相应的信息。在录入数据时，按照国家和省质量技术监督部门的要求，对不同的行业类型建立了数据字典，以便于录入。企业质量信息管理的功能主要是对企业质量信息数据的编辑、修改等。企业质量信息数据录入见图 4-8。

4.9.1.2　企业质量信息查询

企业质量信息查询包括按企业名称、企业类型、产品类型、标准化管理、计量管理、行政区划、生产许可证管理等，按单一条件查询和按综合条件查询。查询的企业信息包括企业基本信息，质量信息，标准信息

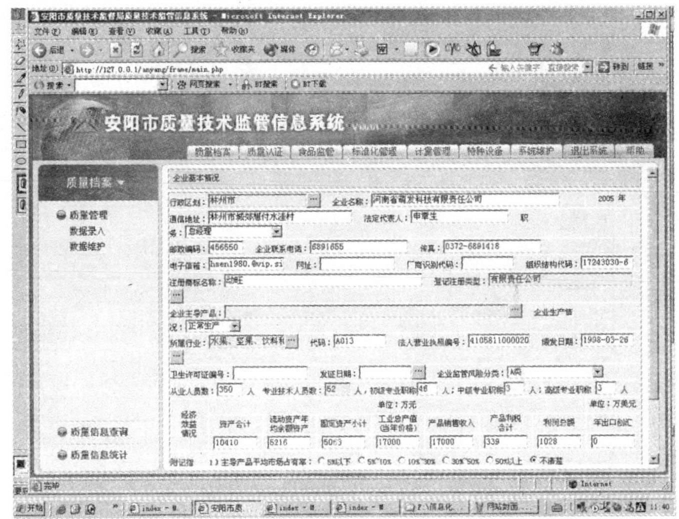

图 4-8　企业质量信息数据录入

(国际先进、国内先进等),计量信息(例如,企业计量器具的台件数、强检计量器具总台数、计量授权时限、计量器具是否合格、定期检验周期预告等),锅炉、压力容器、管道、电梯等特种设备的信息(例如,使用数量、注册数量、未注册数量、应检数量、已检数量、强检时限、持证人数等)。企业质量信息查询见图 4-9。

4.9.1.3　企业质量信息统计和对比分析

可以对企业质量信息按行政区划、企业数量、企业类型、质量监管信息等进行统计和对比分析,统计分析的结果可以以饼图、柱状图的形式表示,企业质量信息统计分析见图 4-10。

4.9.1.4　企业数据交换

(1)区、县数据的交换和互访:由于本软件可以在区、县级质量技术监督局使用,区、县级质量技术监督局采集管理的数据要上传到市局,系统直接通过网络实现数据的交换和互访。

(2)数据的转换和发送:根据省局要求的上传数据的电子数据格式,先把本市数据库中有关数据按照要求进行提取,然后转换成省局要求的电子数据格式,再导出并形成电子数据发送给省局。

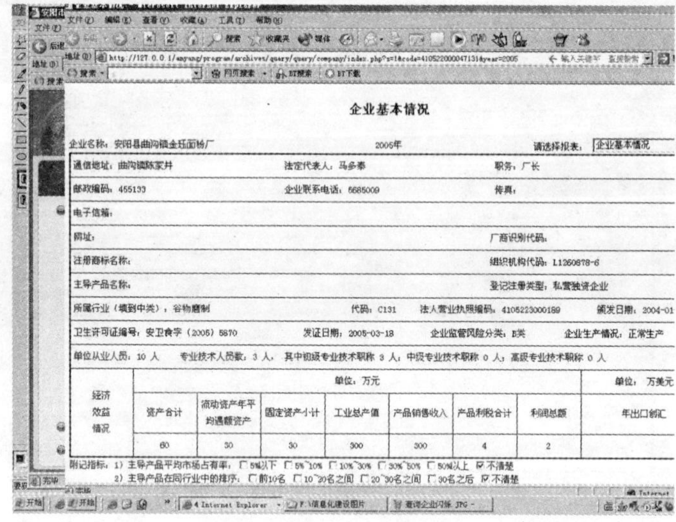

图 4-9　企业质量信息查询

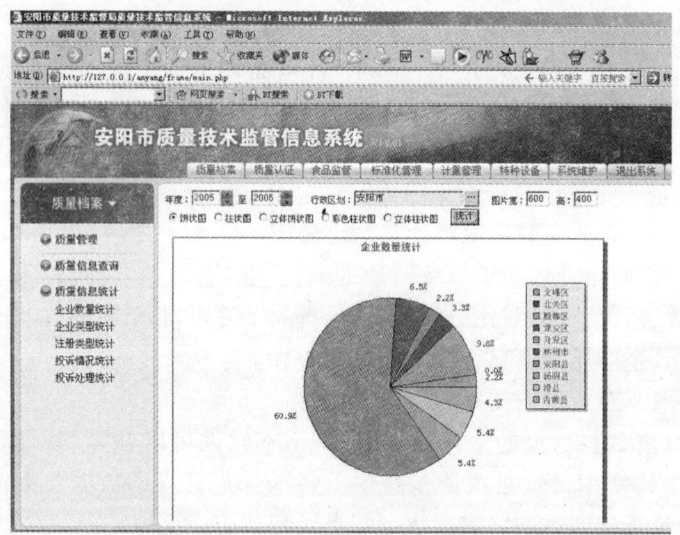

图 4-10　企业质量信息统计分析

(3)内网数据的导出和外网数据的导入：本系统内网数据库中有

需要在网上发布的信息,需要从内网导出有关数据,放在市局外网上对外发布。而外网接收的有关信息,内网若需要也要从外网中导入,供内网使用。

4.9.2 企业质量地理信息系统

4.9.2.1 数据

当前,质量监督部门监管对象点多、线长、面广,特别是一些小企业位置偏远,难以监管。运用企业质量地理信息系统,我们能随时了解企业的质量状况,对各类企业分类指导,对症下药,实现动态监管;对于突发的质量安全事故,能够根据电子地图,掌握第一手材料,制订紧急方案,作出快速反应,提高应对突发事件的处理能力,缓解和消除突发性事件的危害,最大限度地保障人民群众的生命健康和财产安全,企业质量地理信息系统主要数据有:

(1)基础地理数据。全市1:25万数据,包括道路、河流、地形、居民地;市区1:1万地图数据,包括主要街道、道路、单位等。

(2)企业数据(分为一般工业企业、食品工业等)。

4.9.2.2 系统的功能

1. 主要功能

企业质量地理信息系统的主要功能见图4-11。

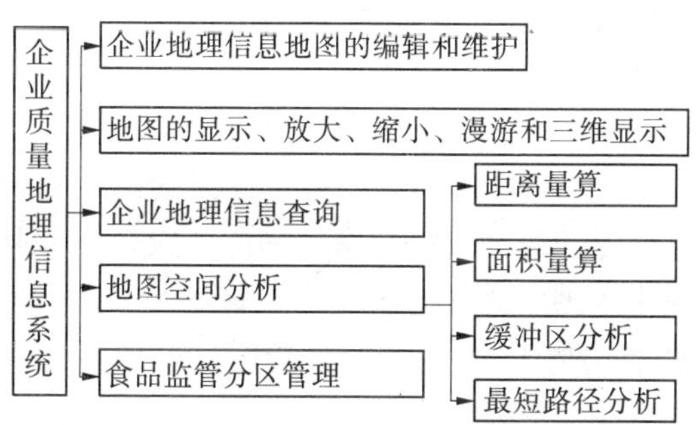

图4-11 企业质量地理信息系统的主要功能

(1)地图的编辑和维护功能:实现地图数据的添加、删除、编辑以及与企业属性的关联。

(2)在网上实现地理信息的显示、放大、缩小、漫游和三维显示(见图 4-12)。

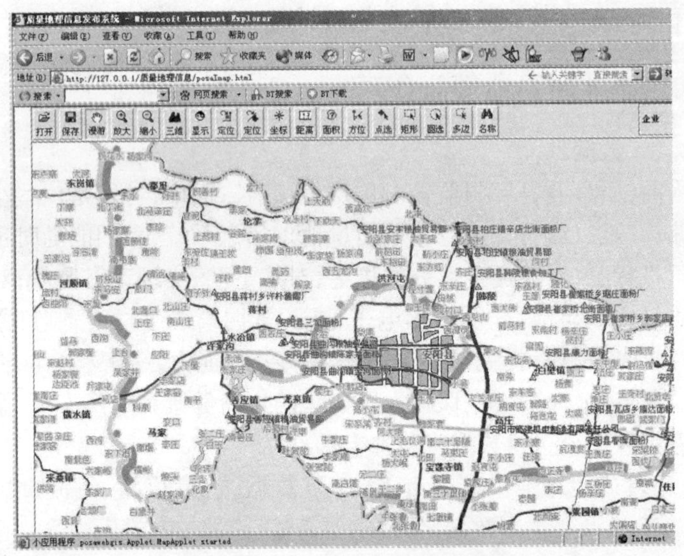

图 4-12 企业质量地理信息显示

(3)查询功能:实现对企业地理信息的查询;企业查询分为直接用鼠标点击企业查询,也可以实现输入企业名称查询等(见图 4-13)。

(4)空间分析:对坐标、距离进行量算(见图 4-14)。

(5)食品监管分区管理:建立分区图层,实现分区统计查询。

2. 食品工业监管责任区地理信息管理

在系统内部实现对食品工业监管责任区的电子地图显示,能够显示各责任区的位置,第一责任人,辖区内的各类企业及其地理位置,对外的主要交通线路、距离等;食品安全事件的分级管理(特大事件、重大事件、一般事件及相应的处置预案)和分区(责任区划)管理等(见图 4-15、图 4-16)。

3. 企业质量打假指挥调度系统

本模块由接警、处警、调度指挥三个模块组成。接警受理模块通过公众拨打 12365 报警电话,受理产品造假信息,通过地理信息系统分析

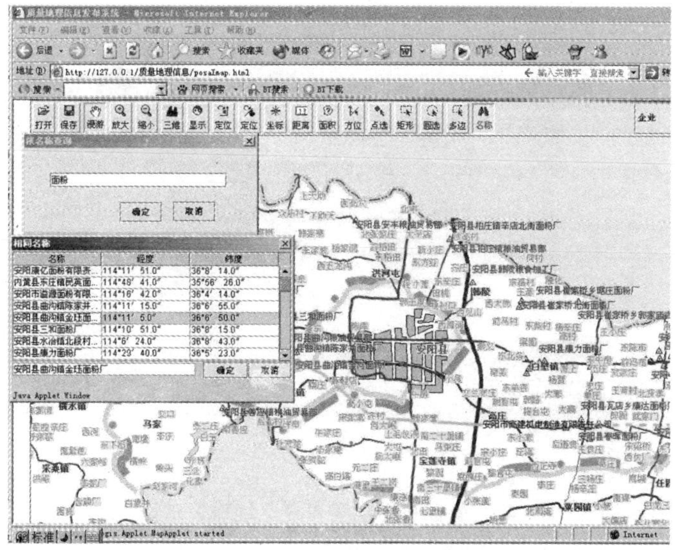

图 4-13 查询

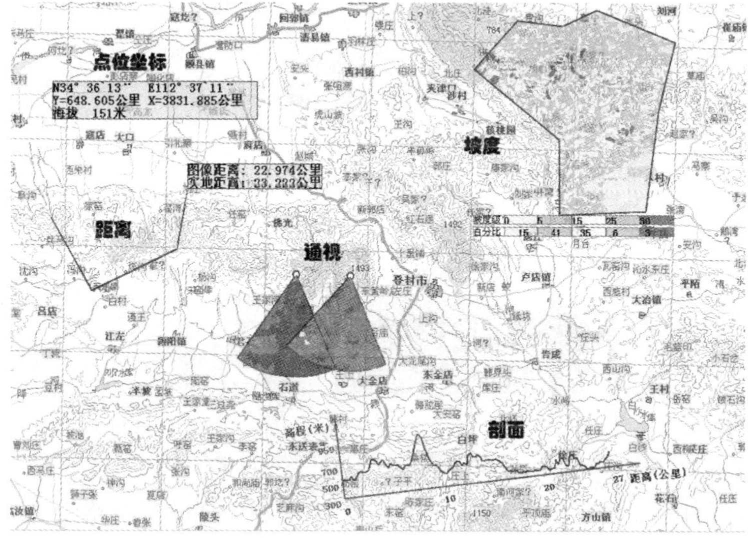

图 4-14 量算

图 4-15　食品工业监管责任区地理信息管理

图 4-16　企业食品安全生产应急地理信息系统

造假案件发生的位置、距离最近的打假中队和最佳的行车路线。通过处警模块按照打假预案进行打假力量的指挥调度。同时，通过打假车辆上的 GPS，实现对打假车辆的定位和调度。

第 5 章　社区地理信息服务系统

5.1　概　述

5.1.1　课题的背景和意义

社区是指居住在一定地域的人群所构成的社会生活共同体，其表现形态是一个村庄、一个乡镇、城市中的一个居住小区、街区，甚至是城镇。

近几年，随着大规模的城市建设和发展，出现了"单位人"向"社会人"转变的新态势和人口管理属地化的新趋势，大量的社会管理和服务职能正在不断向社区转移。它作为城市的基本组成单位，既是居民文化生活的基础环境，也是政策落实和民主管理的基本体。因此，在大力倡导"和谐社会"和"以人为本"的今天，应当把构建和谐社区作为构建社会主义和谐社会的重要切入点，落实"以人为本"就需要进一步完善社区的管理和服务功能，为社区居民的衣食住行提供最大限度的便利。

社区信息化是城市信息化的重要组成部分，是城市管理及和谐社区建设的基础环节，是加强和谐社区的建设和管理、完善社区功能、提升社区服务的有效手段。

1998 年 1 月，美国前副总统戈尔在加利福尼亚科学中心举行的开放地理信息系统协会上，发表了题为《数字地球：二十一世纪认识地球的方式》的报告。他在报告中指出，应在三维地球的数字框架上，按照地理坐标集成有关的海量空间数据及相关信息，构建一个数字化的地球，即"数字地球"，为人们认识、改造和保护地球提供一种重要的信息源和新技术手段。

1998 年 9 月，戈尔又提出了“数字化舒适社区建设”，即“数字城市”建设的倡议。“数字城市”是综合运用 GIS、遥感、遥测、宽带网络、多媒体及虚拟仿真等技术，对城市的基础设施、功能机制进行信息自动采集、动态监测管理和辅助决策服务的技术系统。它具有城市地理、资源、生态环境、人口、经济、社会等复杂系统的数字化、网络化、虚拟仿真、优化决策支持和可视化表现等强大功能。

所谓社区信息化，就是应用现代通信技术、计算机技术、数据库技术和地理信息系统等信息化手段构筑一个可视化的社区信息应用平台和通道，不但使社区成员在沟通信息时更加便捷，而且能够更加充分有效地开发、共享和利用社区信息资源，使社区居民得到便利和实惠，使政府社区工作的效率和水平得到提高，最终达到提高社区成员生活质量和促进社会全面进步的目的。

5.1.2 社区信息化的国内外发展现状及趋势

5.1.2.1 国外社区信息化的发展现状

从国外近年来的社区信息化实践来看，社区信息化的发展和电子政务的发展是密切联系在一起的，社区信息化系统是电子政务系统在社会领域的一项重要应用，也是电子政务系统能够充分实现其服务和管理职能的重要支持构架，社区信息化的发展依赖于电子政务的发展。

1998 年 9 月，戈尔在美国正式提出了“数字城市”的倡议后，约有 60 个城市正在进行数字化建设，已经建成了一批“智能化生活小区数字社区”的示范工程。

日本已建成了一批“智能化生活小区数字社区”示范工程，“网上虚拟京都”由日本电信与京都大学等合作开发，2000 年有 20% 以上的家庭装备了“电子小屋”，计划到 2010 年，“电子小屋”将在全社会普及。

新加坡首先提出“智能城市”的概念。政府在 1996 年开始实施新加坡一号工程(简称 S－1 工程)，1999 年 4 月建立了 e 市民中心，到 2000 年 6 月已经在网上开展了 130 种公共服务项目。

近年来，国外(尤其是欧美地区)相关研究人员或机构积极研究参与式的方法及其在社会生活中的应用。

在 1998 年，出现了许多这方面的文章。《社区参与与 GIS》(Craig et al,2002)是一本提供了多种有关公众 GIS 的构想、实施、预测的论文集；2003 年出版了《URISA Journal 关注“访问”GIS 和参与》。

Leitner 等构想了公众 GIS 的六种参与模式：①家庭使用的 GIS；②大学和社区的融合 GIS；③在大学或图书馆的 PPGIS；④地图；⑤网络地图服务；⑥GIS 服务中心等。

Michael Barndt 提出了对公众 GIS 系统的评价模型，他认为一个公众 GIS 系统应由三个指标来评价：①产生结果的价值(包括这个结果是否合适，是否精确等)；②过程管理(包括是否可重现，是否有效、实时等)；③系统是否对社区建设有所帮助(包括信息访问的正确性，对话的开放性，等等)。

5.1.2.2　国内社区信息化的发展现状

自 20 世纪 80 年代中期以来，我国许多城市就已经开始应用城市规划管理信息系统，进入 90 年代，随着地理信息系统的推广和应用，更多的城市已开始将计算机技术应用到城市规划管理与设计中。广州、上海、杭州、厦门等大中城市都已经制定了相应的规划，有些城市还建造了“智能小区”或“智能家居”的试验工程。

北京市社区服务网络系统正在逐步建立，政府服务成为市政府为民办实事工程之一。在一些试点的“数字园区”，以电子政务为主导的信息化建设形成了较为完善的体系，面向企业和社区的服务功能成为信息建设的目标。

2001 年，上海市开始在静安区石门二路街道和卢湾区五里桥街道等单位开展社区信息化建设试点，从社区管理、社区服务和小区信息化三方面入手，积极开展试点和探索。2003 年，“社区政务管理系统工作平台”正式推出。截至 2004 年 4 月，该平台已在上海市 4 个街道推广使用。

随着数字社区建设在一些城市的展开，作为数字社区基础性工作之一的社区 GIS 的研究工作也相应地开展起来。

段玉山、金笑天(2006)开发的社区地理信息系统可以直观可视地进行社区信息管理、查询和发布,为了实现基于软件复用的系统高效开发,首先进行地理信息系统领域分析和领域设计,而后利用设计出的系列地理信息系统构件和架构,结合社区信息化的行业特征设计了社区地理信息系统的总体结构、系统功能、软件环境配置等,并讨论了系统实现和未来发展方向。

赵良庆、陈铸等(2002)则用 MapX 和 Oracle 实现分布式地理信息分发的研究,研究了分布式社区地理信息系统的构建与实现,而刘迎春、周志宇等(2004)则将地理信息系统技术应用到社区公共设施管理中,结合系统开发的实际经验,详细论述了社区公共设施地理信息系统的系统体系结构、开发技术、功能结构和数据库设计方法,并给出了原型系统的界面实例。

哈尔滨金图软件公司则运用 GIS 开发了社区警务管理系统,该系统是针对社区警务制度改革,基于地理信息系统开发的,用于派出所日常办公接报警管理,实有人口管理及警员、警车管理于一体的全方位派出所管理系统。系统由社区警务管理和社区人口录入查询两个子系统,及辖区电子地图查询、辖区人口信息查询、辖区综合信息管理、辖区警务信息管理、派出所民警管理、辖区综合信息分析六大功能模块组成。

5.1.2.3 社区信息化的发展趋势

从国内外发展的现状看,目前,社区信息化的发展主要侧重于电子政务管理方面的应用。许多社区信息服务网站只是一些形象展示的静态介绍和动态新闻网页,没有提供居民日益需求的地理信息查询与定位服务。另外,大多数社区服务呼叫网络系统并没有结合社区地图实现图文并茂的信息查询服务,信息渠道单一。

随着地理信息系统发展和社区管理与服务需求的增加,基于空间信息定位查询分析的地理信息技术,将是社区信息化的一个重要发展方向。在功能应用上则会以社区服务为重点,满足社区居民对社区中各类信息查询的需求;在技术实现上使社区信息管理技术、数据库技术、虚拟现实技术与 GIS 相结合,搭建多渠道的信息平台,图文并茂地完成社区信息服务;在应用分析上更注重社区居住环境质量综合评价分析,为社区居民提供更加舒适的生活环境。

5.1.3　研究的目的、内容和意义

5.1.3.1　研究的目的

通过设计地理信息空间数据库,研究社区 GIS 中各类空间信息和属性信息的数据组织方式,并探讨在地理信息系统数据库中数据模型的建立过程,最终将空间信息融入社区服务平台中,实现对社区信息图、文、表的一体化操作。研究目的在于说明如何系统地开展这项工作,包括理论知识的准备、技术可行性的分析、数据库功能的设计及应用平台的开发与实现。

5.1.3.2　研究的内容

GIS 是一种获取、存储、检索、操作、分析和显示地球空间数据的计算机系统(英国教育部),通常所指的地理信息系统就是一个地理信息软件系统。从计算机的角度看,GIS 由计算机硬件、软件、数据和用户4大要素组成。在 GIS 构成中,硬件、软件和数据的比通常为1∶2∶7,由此可见,数据在 GIS 中有着十分重要的地位。本文研究的主要内容是在实现系统功能的基础上探讨社区数据的组织、数据模型的设计和数据库的建立。主要工作如下:

(1)探讨在构架社区管理应用系统前有关数据的工作,包括采集社区数据的种类、各类数据的分类标准及在计算机中连接空间数据和属性数据的方法,这项工作在建立 GIS 数据模型的流程中给出了详细的介绍。

(2)研究 GIS 数据组织与管理技术和数据库技术的集成与应用,实现空间数据和属性数据的一体化管理,以解决社区管理应用系统中带普遍性的“由图查文/由文查图”的技术问题。

(3)研究社区空间数据与多维属性数据融合的解决方案,实现辖区、街道、社区三级社区管理服务的数据互动操作和分布式管理,为深层次的、基于城市空间数据的辅助决策等应用奠定基础。

5.1.3.3　研究的意义

社区 GIS 可以实现对社区的基础空间信息、人口信息、建筑物信

息、街道信息等进行有效的组织与管理。将地理信息技术融入社区办公事务管理,实现对社区信息的全面数字化管理,提供数字化信息,形成新的社区管理和服务模式,这将大大提高社区管理水平和社区服务水平。

5.2 地理空间数据的相关理论

5.2.1 地理空间数据

5.2.1.1 地理数据

地理数据是指表征地理圈或地理环境固有要素或物质的数量、质量、分布特征、联系和规律的数字、文字、图像及图形等的总称,具有空间特征、属性特征和时间特征,由空间数据、属性数据和时态数据组成。

地理数据依据来源的不同分为地图数据、地形数据、属性数据、元数据、影像数据。依据表示对象的不同分为类型数据、面域数据、网络数据、样本数据、曲面数据、文本数据、符号数据。从应用性质上可以划分为基础数据和专业数据两种类型。基础数据一般包括地形要素矢量数据(又称数字线划图:Digital Line Graphic,简称DLG)、数字正射影像图(Digital Orthophoto Map,简称DOM)、数字高程模型(Digital Elevation Model,简称DEM)、数字栅格地图(Digital Raster Graphic,简称DRG)以及相应的空间元数据库;专题数据一般包括土地利用、城市规划、人口统计、环境保护、市政建设等多种用于专业部门的数据产品。

5.2.1.2 空间数据

空间数据是指与空间位置和空间关系相联系的数据,它有以下几个特征:

(1)空间特征。每个空间对象都具有空间坐标,即空间对象隐含了空间分布特征。

(2)非结构化特征。空间数据不能满足结构化要求。若将一条记录表达一个空间对象,它的数据项可能是变长的。例如,一条道路的坐标,其宽度是不可限定的,它可能是2对坐标,也可能是10万对坐标,所以它不满足关系数据模型的范式要求。

(3)空间关系特征。空间数据中记录的拓扑信息表达了多种空间关系。一方面,这种拓扑数据结构方便了空间数据的查询分析;另一方面,也给空间数据的一致性和完整性维护增加了复杂性。特别是有些几何对象,没有直接记录空间坐标的信息,因而进行查找、显示和分析操作时都要操纵与检索多个数据文件方能得以实现。

(4)分类编码特征。一般而言,每一个空间对象都有一个分类编码,而这种分类编码一般属于国家标准、行业标准或地区标准,每一种地物的类型在系统中的属性项个数是相同的。因而在许多情况下,一种地物类型对应于一个属性数据表文件。当然,如果几种地物类型的属性项相同,也可以共用一个属性数据表文件。

(5)海量数据特征。空间数据量是巨大的,通常称海量数据。一个城市地理信息系统的数据量可能达几十 GB,如果考虑影像数据的存储,可能达几百 GB。正因为空间数据量大,所以需要在二维空间上划分块或者图幅,在垂直方向上划分层来进行组织。

5.2.2　空间数据表达

通过对空间数据的建模可以完成地理信息由现实世界到概念世界的转化,要完成空间数据由概念世界到信息世界的表达,还要选择相应的数据结构来组织实体数据,最后是选择适合于记录该数据结构的文件格式完成信息在计算机世界的存储,最终建立 GIS 应用系统的数据库。

5.2.2.1　**空间数据模型**

目前,地理空间数据模型的种类很多,如地理空间几何模型、实体—关系模型、拓扑关系数据模型、面向对象数据模型等。从概念上讲,可以把它们归类为基于场的模型和基于对象的模型。

(1)基于场的模型。对于空间应用来说,定义的场模型要求至少有三个组成部分:空间框架(Spatial Framework)、场函数(Field Function)和一组相关的场操作(Field Operation)。空间框架(或称为空间参考)是一个有限的网格,所有的度量都基于这个框架完成,其典型代表地球表面的经度—纬度参考系。场函数是用于描述空间地物特征的函数表达式,如分段函数。场函数所表达的地物特征是连续的或等值的。场建模的第三个重要内容是场函数的操作规约,用于操作不同场之间的联系和交互。基于场的模型进行建模的情况包括大气模拟、火灾或洪水演进模拟、温度及土壤变化等的模拟。

(2)基于对象的模型。在给予对象的建模中,是将地理实体及现象抽象为明确的、可识别的相关事务或实体,称之为对象,用以表示具有几何特征或离散特点的地理要素,如点对象、线对象、面对象以及集合对象。

采用何种模型对空间地物建模需要根据应用的需求及使用的习惯。当处理在一定空间范围内连续变化或具有恒定值的地区特征时可采用基于场的模型进行建模,如覆盖某一地理空间的格网数字高程模型、影像数据等;而基于对象的模型一般更多地用于运输网络(如道路)、物流管理、地籍管理等方面。

5.2.2.2 空间数据结构

在 GIS 建立过程中,应根据应用目的和应用特点、可能获得的数据精度以及地理信息系统软件和硬件配置情况,选择合适的数据结构。数据结构一般分为矢量数据结构、栅格数据结构和矢量与栅格一体化数据结构。

矢量数据结构是利用欧几里得几何学中的点、线、面及其组合体来表示地理实体空间分布的一种数据组织方式。这种数据组织方式能最好地逼近地理实体的空间分布特征,数据精度高,数据存储的冗余度低,便于进行地理实体的网络分析,但对多层空间数据的叠合分析比较困难。它适合于城市分区或详细规划、土地管理、公用事业管理等方面的应用。

栅格数据结构指将空间分割成有规则的网格,在各个网格上给出相应的属性值来表示地理实体的一种数据组织方式。与矢量数据结构相比,用栅格数据结构表达地理要素比较直观,容易实现多元数据的叠合操作,便于与遥感图像及扫描输入数据相匹配建库和使用等。但栅格数据结构具有精度低、冗余度大、网络分析困难等缺点。它适合于大范围小比例尺的自然资源、环境、农林业等区域问题的研究。

矢量与栅格一体化数据结构的提出打破了传统观念，它将矢量面状目标的方法和栅格元子充填的方法结合起来，具体采用填满线状目标路径和充填面状目标空间的方法作为一体化数据结构的基础。从原理上说，这是一种以矢量的方式来组织栅格数据的数据结构。

5.2.3　空间数据管理

在地理信息系统中，空间数据是以结构化的形式存储在计算机中的，称为数据库。由于 GIS 数据库存储的数据包含空间数据和属性数据，它们之间具有密切的联系，因此如何实现两者之间的连接、查询和管理，是 GIS 数据库管理系统必须解决的问题。

5.2.3.1　对象—关系型数据库管理系统

目前，大多数商品化的 GIS 软件都不是采取传统的某一种单一的数据模型，也不是抛弃传统的数据模型，而是采用建立在关系数据库管理系统（RDBMS）基础上的综合的数据模型。

为使关系数据库管理复杂的数据类型，一般采用功能扩展的方法，大致分为两种：

（1）在关系数据库中增加新的数据类型，即把所有的复杂的数据类型抽象为一个二进制流，以支持大数据量和长度可变的数据存储。但是，这种扩展方法只停留在通过关系数据库存储复杂数据类型的层面上，并不能通过索引来查询这些数据类型。

（2）采用对象—关系的数据建模方法，即把复杂的数据类型作为对象放入关系数据库中，并提供索引机制和操作方法，这种扩展后的数据库称为对象—关系型数据库。使用对象—关系型数据模型扩展关系模型的方式可使关系数据库具备表达复杂数据类型和面向对象的能力。同时，关系查询语言（特别是在 SQL 中）需要做相应扩展，以处理这些复杂的数据类型。

20 世纪末开始，对象—关系型数据库管理系统逐渐成为 GIS 中组织和管理空间数据的首选数据库产品。与此同时，多数主要的数据库企业（如 Oracle）也在其各自的数据库产品中增加了支持空间数据类型的专用软件模块,使关系数据库能够同时管理矢量图形数据和属性数据。另一种方式是 GIS 软件企业在传统的关系数据库管理上进行功能和数据类型的扩展,外加一个空间数据管理引擎,如 ESRI 公司的 ArcSDE,MapInfo 公司的 Spatial Ware 等。无论是数据库企业提供的扩展功能,还是由 GIS 企业独自进行的扩展,其原理均是利用关系数据库提供的 BLOB(即 Binary Large Object,二进制大对象,是一个可以存储二进制文件的容器)数据类型。

5.2.3.2 ArcGIS 支持文件和数据库中的 GIS 数据

ArcGIS 用一个高级的通用的地理数据模型来表示空间信息,包括空间要素、遥感数据以及其他的空间数据类型。ArcGIS 同时支持基于文件的空间数据类型和基于数据库的空间数据类型(见表 5-1)。

表 5-1 ArcGIS 可直接使用的数据类型

基于文件的空间数据类型	基于数据库的空间数据类型
Coverages	Oracle
Shapefiles	Oracle with its Spatial Type
Grids	DB2 with its Spatial Type
TINs	SQL Server
Images(各种格式的)	Personal GeoDatabase (微软 Access)
CAD 文件	
表(各种格式的)	

基于文件的空间数据类型和基于数据库的空间数据类型都定义了空间地理数据的通用模型,这些数据类型可以在大量的 GIS 应用中使用。通过定义和使用这些空间数据模型的行为,ArcGIS 中的空间信息是基于标准的,可以作为多种应用的基础,也可以很好地和其他程序共享。这样 ArcGIS 为几乎所有的 GIS 应用提供了一个很好的平台。

5.2.3.3 Personal GeoDatabase 和 Shapefile 的存储方式

Personal GeoDatabase 使用 Microsoft Jet Engine 数据文件结构,将 GIS 的数据存储在小型数据库中。它使用 Microsoft Access 数据库来存

储属性表。对于小型的 GIS 项目和工作组来说，它是非常理想的工具，由于本书中社区 GIS 系统的数据量较少，故采用此类存储方式。

ArcGIS 中的 Shapefile 文件由包含空间数据和属性数据的两个主要文件组成。Shapefile 是含有点（point）、多点（multipoint）、折线（polyline）或多边形的同类要素的集合。Shapefile 将属性值存储在一个内嵌的 dBASE 文件中，存在其他 dBASE 表中的对象属性可以通过属性关键码与 Shapefile 连接。

Shapefile 属于简单要素类（存储要素的形状，但不存储拓扑关系），这种结构能够简单、快速显示，但不能表达空间要素的拓扑关系。然而，简单要素类由大量可获得的地理数据组成，因为它们易于生成并且具有足够的地理数据。Coverage 虽然存储拓扑关系，但不能直接编辑，编辑时需要将 Coverage 转换成 Shapefile。

社区地理信息服务系统应用的数据需要进行大量的编辑，且拓扑关系应用不是很多，故采用 Shapefile 格式存储。

5.3　社区 GIS 空间数据模型设计与构建

5.3.1　社区 GIS 空间数据模型

5.3.1.1　社区数据的获取

社区不仅是人类聚居的场所，更重要的是人类共生的场所。社区生活应该是一种共有、共享、共融的生活。社区一般来说具有七项具体功能：居住功能、经济功能、政治功能、社会功能、服务功能、文化娱乐功能和教育卫生功能。

根据社区的基本功能，并结合 GIS 的叠加分析、网络分析（最短路径分析）、邻域分析（缓冲区分析、泰森多边形分析）等空间分析功能，以郑州市的社区为例阐述社区空间数据库的构建步骤。

在获取矢量数据时，首先，将比例尺为 1∶1 万的郑州市行政区划图、郑州市地形图、郑州市土地利用现状图进行矢量化，建立矢量图形数据库；其次，对各类基础数据进行分层、分类和编码，同时建立各类专题数据;再次,对各点、线、多边形等 Shapefile 要素进行符号选型、颜色搭配和注记描述等处理;最后建立简洁、实用、美观的矢量基础背景图层和专题图层。在获取属性数据时,对地物现状和利用性质、工程建设数据、建筑信息数据、人口普查数据等进行分类和编码存储在 dBASE 表中或 Access 表中。

5.3.1.2　社区数据模型的设计步骤

社区空间数据模型的设计分为三个阶段:概念模型设计、逻辑模型设计和物理模型设计。具体步骤如图 5-1 所示。

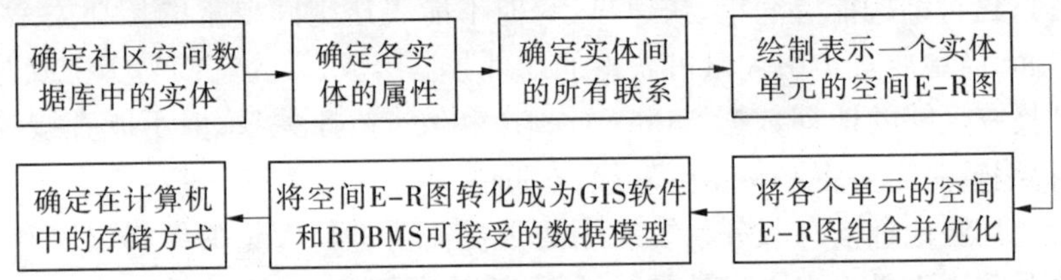

图 5-1　空间数据库的设计步骤

5.3.2　社区 GIS 数据模型设计的流程

5.3.2.1　概念模型的设计

概念模型是通过对错综复杂的现实世界的认识与抽象,最终形成空间数据库系统及其应用系统所需的模型。表示概念模型最有力的工具是 E－R 模型,即实体—联系模型,包括实体、联系和属性三个基本成分。图 5-2 实现了辖区和社区信息从现实世界到概念世界进行抽象的模型。

5.3.2.2　逻辑模型的设计

逻辑模型的设计是将概念模型结构转换为具体 DBMS 可处理的地理数据库的逻辑结构(或外模式),包括确定数据项、记录及记录间的联系、安全性、完整性和一致性约束等。关系模型是目前最重要的一种数据模型,从用户观点来看,它是由一组关系组成的,每个关系的数据结构是一张规范化的二维表。从图 5-2 可以看出,辖区与社区是一对多的关系,表 5-2 和表 5-3 完成了它们由概念世界到信息世界的转化(其中的面积及人口等数据依据郑州市统计年鉴(2005))。

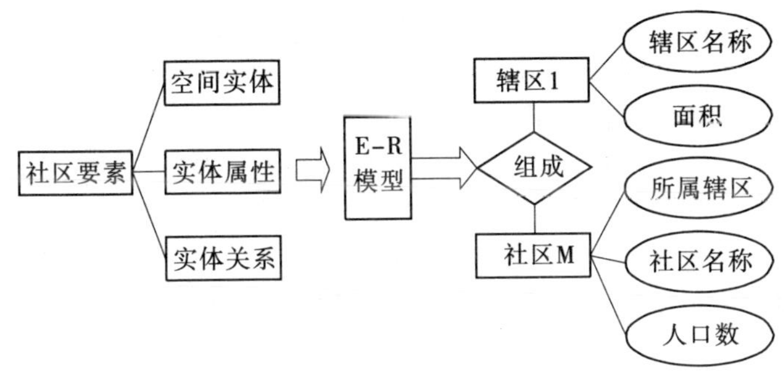

图 5-2　由现实世界到概念世界的转化

表 5-2　辖区信息表

辖区 ID	辖区名称	辖区面积(m^2)	含社区数(个)
1	中原区	2 930	91
2	二七区	3 133	132
3	管城回族区	703	128
4	金水区	4 184	207
5	邙山区	2 754	15

表 5-3　社区信息表

社区 ID	社区名称	辖区 ID	人口数
1	刘寨	5	991
2	南阳寨	5	3 132
3	良运花园	5	1 128
4	张寨	5	2 207
5	王寨	5	915
6	西湖花园	5	754
7	裕华文汇	5	652

社区 ID 是该表的主关键字，可以唯一标识该社区，表中其他属性

项由该数据项决定，辖区 ID(辖区信息表的主关键字)作为该表的外关键字与辖区信息表进行关联，可以决定该社区所属的唯一辖区。

5.3.2.3　物理模型的设计

物理模型的设计是指有效地将空间数据库的逻辑结构在物理存储器上实现，确定数据在介质上的物理存储结构，其结果是导出地理数据库的存储模式(内模式)。主要内容包括确定记录存储格式，选择文件存储结构，决定存取路径，分配存储空间。它完成了由信息世界向计算机世界的转化。存储格式及存储路径见图 5-3，在 Shapefile 的 dBASE 表中的存储结构见图 5-4。

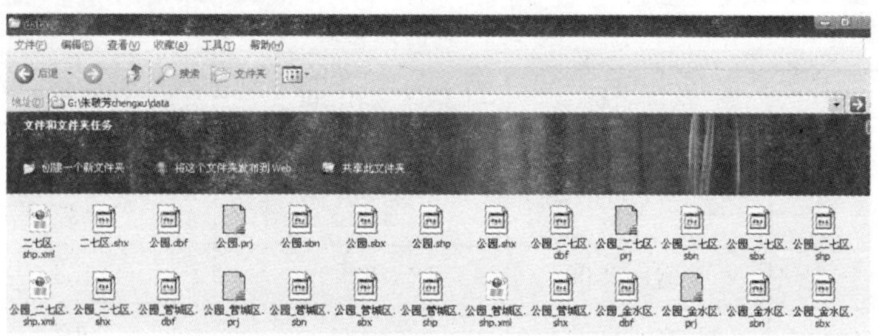

图 5-3　存储格式及存储路径

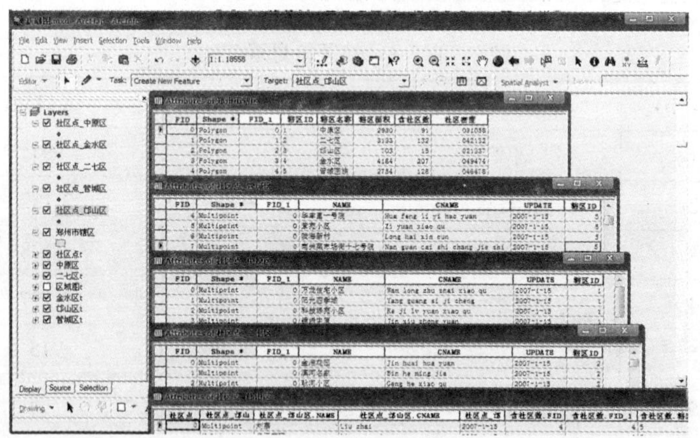

图 5-4　在 Shapefile 的 dBASE 表中的存储结构

5.3.3　社区GIS空间数据的分类、分层与编码

郑州市市区按行政区划可以分为五个辖区:中原区、二七区、金水区、邙山区和管城回族区。在显示矢量化基础地理信息和专题信息时,由于全部郑州市市区的数据量在同一个图层下显示时,数据量较大,显示时重叠现象比较严重,因此分别建立五个辖区的地图文件,再在分区内显示该区内社区地理要素数据,这样各类要素的图形信息表达清晰直观,减少了重叠现象。

5.3.3.1　空间数据的分类

在进行空间数据分类时,首先根据图形原则,将空间数据分为点、线、面三种类型;其次,根据对象原则,例如公园和车站,虽然它们同为点状要素,但是属于不同的地理对象,应当作为不同的数据存储层。根据郑州市社区现有地物利用现状和性质将空间数据分为基础背景、建筑绿化、交通运输、商业娱乐和公共事业五大类。矢量数据分类与编码见表5-4。

在各分区内按社区基础数据的七种功能将各类基础数据分为五个图层组:基础背景图层组、建筑绿化图层组、交通运输图层组、商业娱乐图层组、公共事业图层组。各图层组中所包含的图层如表5-4所示,共有二十个专题图层的显示(见图5-5~图5-9)。

表5-4　矢量数据分类与编码

大类	小类	对象编码	类型	符号着色	说明
基础背景	社区点	SQID	点状		分区设ID
	中原区	XQID	面状		
	二七区	XQID	面状		
	管城回族区	XQID	面状		
	金水区	XQID	面状		
	邙山区	XQID	面状		
	区域图	QYID	面状		整个区域边界

续表 5-4

大类	小类	对象编码	类型	符号着色	说明
建筑绿化	公园	GYID	点状		
	大厦	DSID	点状		
	地名	DMID	点状		
	体育场	TYCID	面状		
	绿地	LDID	面状		街头、社区绿地
	建筑	JZID	面状		
交通运输	车站	CZID	点状		长途汽车站
	水系标记	SXID	线状		
	一级道路	YJID	线状		
	二级道路	EJID	线状		
	三级道路	SJID	线状		
	街区	JQID	面状		社区街道等
商业娱乐	商场	SCID	点状		服饰店、菜市场等
	旅游景点	JDID	点状		
公共事业	政府机关	JGID	点状		居委会、科研机构等
	企事业单位	QYID	点状		邮政局
	医院	YYID	点状		综合医院、专科医院、医疗服务站等
	学校	XXID	点状		大中小学、幼儿园等
	银行	YHID	点状		
	变电站	DZID	点状		

5.3.3.2 空间数据的分层

图 5-5 是郑州市五辖区基础背景图层组地图显示，包括了郑州市的五个辖区，显示了郑州市市区的总体布局，作为地图显示的背景，需要其他专题数据时可再进行添加。

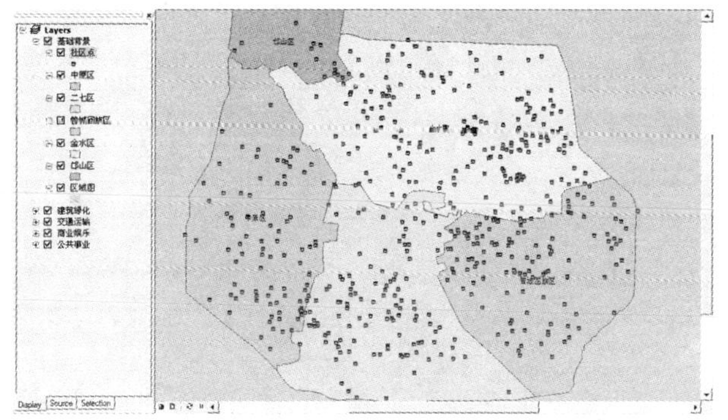

图 5-5　郑州市五辖区基础背景图层组地图显示

图 5-6 是郑州市五辖区建筑绿化图层组地图显示,包括公园、大厦、地名、体育场、绿地、建筑六个图层,它以郑州市五辖区为背景进行显示。它主要完成社区的居住功能和社会功能,即利用社区中的公共场所,开展集会活动、社交活动,引导开展丰富多彩、健康向上的精神活动,满足社区居民的精神需求,促进社区居民的互助合作。

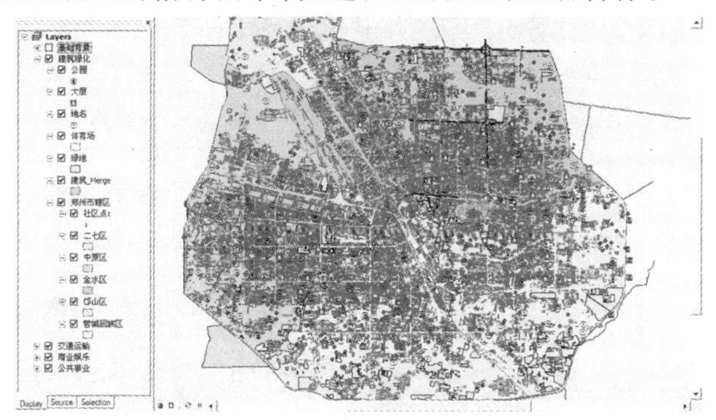

图 5-6　郑州市五辖区建筑绿化图层组地图显示

图 5-7 是郑州市五辖区交通运输图层组地图显示,包括车站、水系标记、一级道路、二级道路、三级道路和街区六个图层。它主要完成社区的服务功能及交通出行功能,随着社会的进步,工业化、城市化和社会分工的发展,城市规模的扩大,交通的发达使得居民生活空间大大扩展。

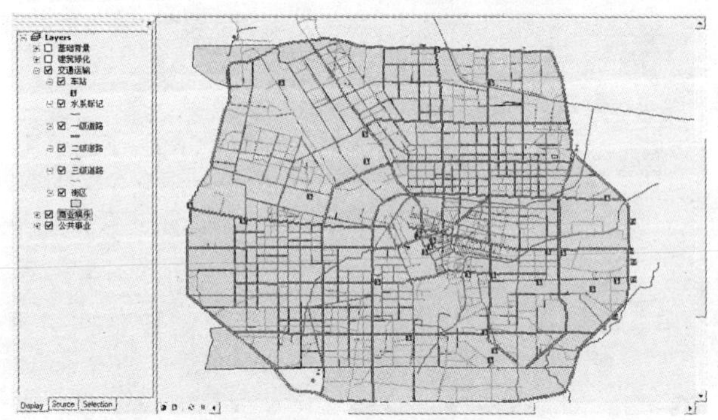

图 5-7　郑州市五辖区交通运输图层组地图显示

图 5-8 是郑州市五辖区商业娱乐图层组地图显示,包括商场和旅游景点两个图层,以郑州市五辖区为背景图层显示。它主要完成社区的经济功能和文化娱乐功能,涉及生产、分配、消费等方方面面,而商业、服务业在层次和结构上略显突出;在社区建设中,要充分考虑社区居民需要的各种文化娱乐设施的建设,如社区影院、文化宫、阅览室等,开展健康向上的文化娱乐活动,增进身心健康。

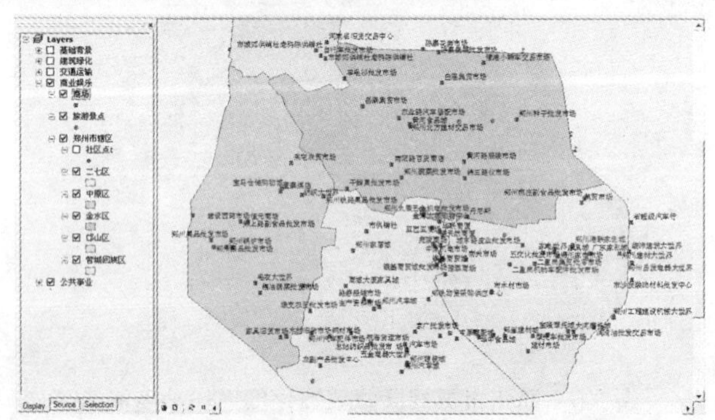

图 5-8　郑州市五辖区商业娱乐图层组地图显示

图 5-9 是郑州市五辖区公共事业图层组地图显示,包括政府机关、企事业单位、医院、学校、银行、变电站六个图层,以郑州市五辖区为背景进行显示。它主要完成社区的政治功能和教育卫生功能,政治功能主要表现为:政党组织活动,政府行政组织和维护公民权益的各类组织

等,如居民大会等;教育功能主要指社区内的学校教育,以社区内的学龄青少年为教育对象。

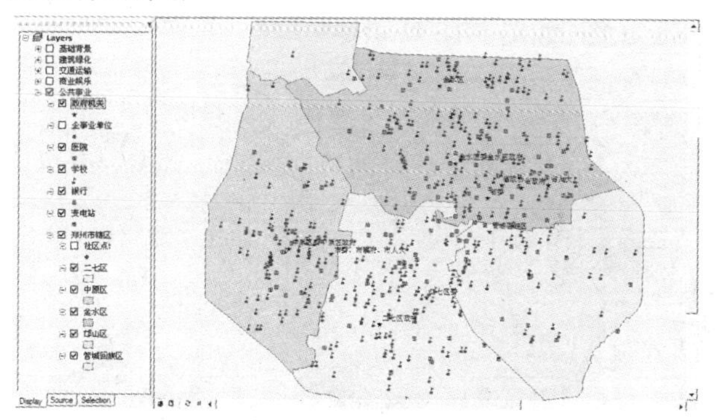

图 5-9　郑州市五辖区公共事业图层组地图显示

5.3.4　社区 GIS 属性数据的分类与编码

5.3.4.1　属性数据分类

在郑州市社区 GIS 空间数据库中,属性数据与空间数据保持类别上的一致,即属性数据类别的划分与点、线、面等几何矢量要素中大类、小类的划分相对应,且存储在 dBASE 文件中。

5.3.4.2　属性数据的概念模型设计

在社区基础空间数据库中含有辖区、社区、建筑物、花园、道路、居住单元、户主、公司、行政单位等实体。这些实体除具有自己的属性信息外,它们之间也存在着对应关系:一个辖区可以对应多个社区,而一个社区只能归属于一个辖区,即辖区和社区是一对多的关系;一个社区可以有多个建筑物,而一个建筑物只能归属于一个社区,即社区和建筑物是一对多的关系;一个建筑物含有多个居住单元,而一个居住单元只能归属于一个建筑物,即建筑物和居住单元是一对多的关系;一个居住单元只能登记一个户主,即居住单元和户主是一对一的关系;员工只能在一个公司工作,而一个公司拥有多个员工,即员工和公司是多对一的关系。

本章采用关系模型来进行实体对象的分类,以辖区表、社区表、住房表、建筑表的内容及相互关系为主要研究对象，其他实体的表属性只做简单的说明。其中的部分实体—关系，即辖区、社区、建筑物和住户实体间的 E－R 图，如图 5-10 所示。

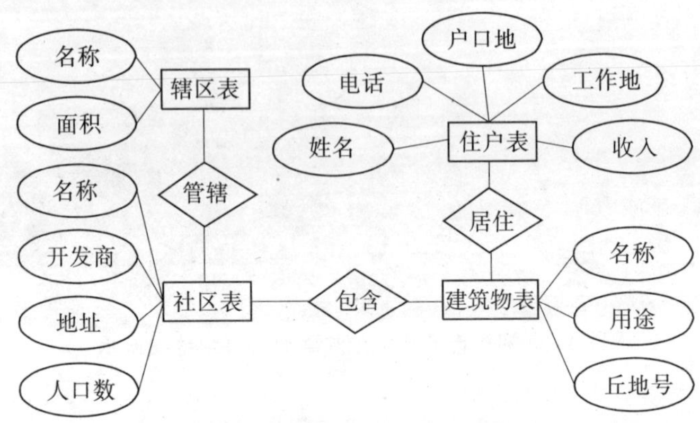

图 5-10　辖区、社区、建筑物和住户实体间的 E－R 图

5.3.4.3　属性数据的逻辑模型设计

对大多数数据库系统来说，记录是处理和存储信息的基本单位。记录是关于一个实体的数据总和，构成该记录的数据项表示实体的若干属性。记录有“型”和“值”的区别。“型”是同类记录的框架，它定义记录，属于数据字典设计的范畴；而“值”是记录反映实体的内容。表 5-5 ~ 表 5-9 分别给出了各属性数据的记录框架。

表 5-5　辖区信息表

字段名	字段编码	字段类型	字段长度	说明
辖区 ID	XQID	文本型	10	为主关键字
辖区名称	XQMC	文本型	20	
辖区面积	XQMJ	浮点型	50	单位为 m^2
负责人	FZR	文本型	10	
含社区数	HSQS	整型	20	单位为个
社区密度	SQMD	浮点型	50	单位为个/m^2

表 5-6　社区信息表

字段名	字段编码	字段类型	字段长度	说明
社区 ID	SQID	文本型	10	为主关键字
社区名称	SQMC	文本型	20	
辖区 ID	XQID	文本型	20	为外关键字
开发商	KFS	文本型	50	
社区面积	SQMJ	浮点型	20	单位为 m^2
总户数	ZHS	整型	15	单位为户
总人口	ZRK	整型	15	单位为个
地址	DZ	文本型	50	
邮编	YB	整型	6	

表 5-7　建筑物信息表

字段名	字段编码	字段类型	字段长度	说明
建筑 ID	JZID	文本型	10	为主关键字
建筑名称	JZMC	文本型	20	
社区 ID	SQID	文本型	20	为外关键字
建筑用途	JZYT	文本型	20	
产权人	CQR	文本型	50	
现用人	XYR	文本型	50	
丘地号	QDH	文本型	20	
建筑面积	JZMJ	浮点型	20	单位为 m^2
建筑层数	JZCS	整型	10	单位为层
地址	DZ	文本型	50	

表 5-8 住户信息表

字段名	字段编码	字段类型	字段长度	说明
住户 ID	ZHID	文本型	10	为主关键字
住户名称	ZHMC	文本型	20	
建筑 ID	JZID	文本型	20	为外关键字
户口地	HKD	文本型	50	家乡
工作地	GZD	文本型	50	公司名称
联系方式	LXFS	文本型	50	手机、座机
收入状况	SRZK	整型	20	单位为元
政治面貌	ZZMM	文本型	20	党员、团员、群众
家庭人数	JTRS	整型	10	单位为个
家庭信箱	JTXX	整型	50	编号

表 5-9 其他类别信息表

字段名	字段编码	字段类型	字段长度	说明
花园 ID	HYID	文本型	10	为主关键字
花园名称	HYMC	文本型	20	
花园地址	HYDZ	文本型	50	
大厦 ID	DSID	文本型	10	为主关键字
大厦名称	DSMC	文本型	20	
大厦地址	DSDZ	文本型	50	
体育场 ID	TYCID	文本型	10	为主关键字
体育场名	TYCM	文本型	20	
体育场址	TYCZ	文本型	50	
绿地 ID	LDID	文本型	10	为主关键字
绿地名称	LDMC	文本型	20	
绿地地址	LDDZ	文本型	50	
道路 ID	DLID	文本型	10	为主关键字
道路名称	DLMC	文本型	20	

续表 5-9

字段名	字段编码	字段类型	字段长度	说明
道路等级	DLDJ	整型	10	
车站 ID	CZID	文本型	10	为主关键字
车站名称	CZMC	文本型	20	
车站地址	CZDZ	文本型	50	
街区 ID	JQID	文本型	10	为主关键字
街区名称	JQMC	文本型	20	
街区地址	JQDZ	文本型	50	
商场 ID	SCID	文本型	10	为主关键字
商场名称	SCMC	文本型	20	
商场地址	SCDZ	文本型	50	
学校 ID	XXID	文本型	10	为主关键字
学校名称	XXMC	文本型	20	
学校类型	XXLX	文本型	20	
学校地址	XXDZ	文本型	50	
机关 ID	JGID	文本型	10	为主关键字
机关名称	JGMC	文本型	20	
机关地址	JGDZ	文本型	50	
企业 ID	QYID	文本型	10	为主关键字
企业名称	QYMC	文本型	20	
企业地址	QYDZ	文本型	50	
医院 ID	YYID	文本型	10	为主关键字
医院名称	YYMC	文本型	20	
医院类型	YYLX	文本型	20	
医院地址	YYDZ	文本型	50	
邮局 ID	YJID	文本型	10	为主关键字
邮局名称	YJMC	文本型	20	
邮局地址	YJDZ	文本型	50	

续表 5-9

字段名	字段编码	字段类型	字段长度	说明
银行 ID	YHID	文本型	10	为主关键字
银行名称	YHMC	文本型	20	
银行地址	YHDZ	文本型	50	
电站 ID	DZID	文本型	10	为主关键字
电站名称	DZMC	文本型	20	
电站地址	DZDZ	文本型	50	
景点 ID	JDID	文本型	10	为主关键字
景点名称	JDMC	文本型	20	
景点地址	JDDZ	文本型	50	
水系 ID	SXID	文本型	10	为主关键字
水系名称	SXMC	文本型	20	
水系地址	SXDZ	文本型	50	

由于在郑州市五个辖区内现有地物实体的种类基本一致,可以以某一辖区为例进行说明,以避免数据描述的冗余,因此以上实体的属性项中都还包含一个所属辖区的 ID 字段。

5.3.5　社区 GIS 数据库中空间数据与属性数据的链接

GIS 中,无论是描述地理对象位置、形状、分布、空间相互关系等的空间数据,还是描述地理对象与位置无关的属性数据,都只是对所描述地理对象的部分表达。而只有建立起二者之间的链接对应关系,实现二者的统一,才能实现对描述地理对象的完整表达。所以,在矢量图形元素记录与属性数据库的对应记录之间需要建立对应,将属性值链接到对应的图形元素上,才能使二者统一。

矢量空间数据元素与属性数据库中对应记录链接的最简单方法就是令二者使用同一的内部标识,即在建立了与地理实体相对应的空间数据点、线、面对象之后，再为空间数据分配一个内部标识码，并将这个标识码分配给属性数据库中的对应记录。

在社区 GIS 空间数据库中，当用鼠标点击某个社区点时，系统返回该地理对象的内部标识码 SQID = 29，通过这个内部标识码，就可以在属性数据表格中查询到这个地理对象的属性信息。由图点取属性信息如图 5-11 所示。

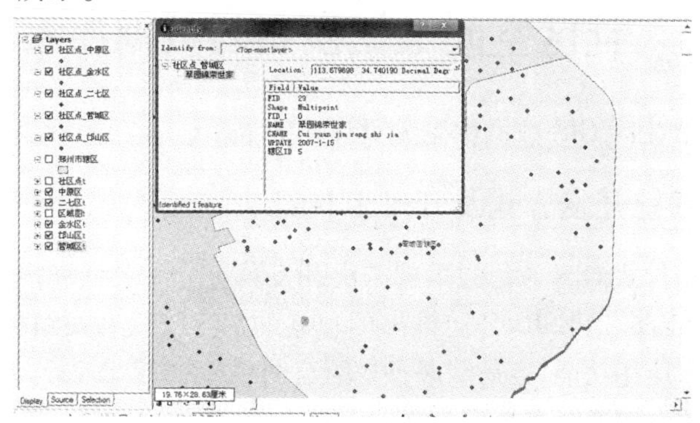

图 5-11　由图点取属性信息

同样，在属性表中选择某社区点的内部标识码时，通过这个内部标识码就可以在地图上看到该社区点高亮显示。由属性表获取空间位置如图 5-12 所示。

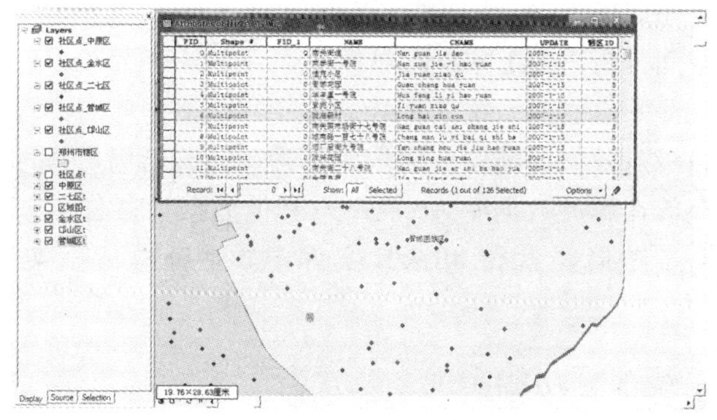

图 5-12　由属性表获取空间位置

此外,属性数据间也可以建立链接,图 5-10 辖区、社区、建筑物和住户实体间的 E - R 图中及各实体信息表中都有一个可以关联的字段,社区信息表中的辖区 ID 可以关联到其所属的辖区,建筑物信息表中的社区 ID 可以关联到其所属的社区,住户信息表中的建筑 ID 可以关联到其所居住的建筑物,这样就建立起了属性数据间的关联。

5.4 社区空间数据模型与数据库系统

郑州市社区 GIS 数据库系统具体内容如下。

5.4.1 系统开发方式及开发工具

基于组件式 GIS 平台的集成二次开发具有开发灵活和成本低的优点。MapObjects 是 ESRI 公司推出的独立的 GIS 二次开发组件,它支持一般的 GIS 应用功能,容易掌握,VB 语言简单,系统界面设计方便,因此 VB + MO 适合快速开发小型系统。在社区中,基础地理数据在城市规划变更前基本不变、属性数据变动较小,因此郑州市社区 GIS 数据库系统属于小型地理信息系统,选择 VB + MO 开发可以起到事半功倍的效果。

5.4.2 系统总体构架

系统应用层中,各模块功能基本实现了 GIS 功能(特别是地图控制功能和空间分析功能)与普通数据库系统的有机结合,充分显示了郑州市社区 GIS 数据库系统的优势。

另外,在数据层,登陆验证模块的管理员和普通用户信息表以及住户信息表存放在属性数据库 Access 中;其他数据均存放在空间数据库 Shapefile 矢量图形要素和 dBASE 文件中。系统总体框架如图 5-13 所示。

5.4.3 系统部分功能实现

系统功能的实现基本与各功能模块相对应,郑州市社区 GIS 数据库系统基本实现了系统总体构架中的大部分功能,如登陆验证、地图控

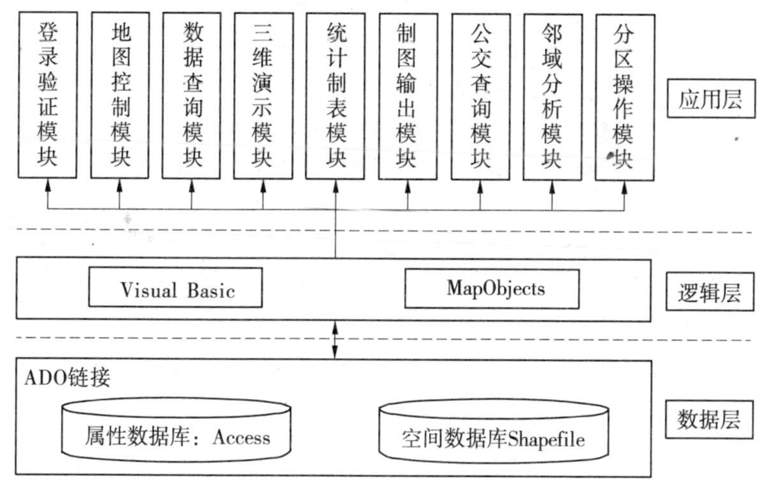

图 5-13　系统总体框架

制、数据查询中的定位检索和条件检索、基础量算、三维演示、制图输出、缓冲区分析、统计制表和分区操作等,但有些功能模块,如数据查询中的其他三种检索方式、泰森多边形分析、公交查询尚未实现。

5.4.3.1　登陆验证功能

需要建立管理员和普通用户两种登陆数据库。管理员可以对系统地理数据和普通用户数据进行更新、管理和维护等操作;普通用户在经管理员授权注册密码后,可登陆系统和使用各类系统功能,但不可以更改系统。该功能可以保证社区 GIS 数据库系统各种数据在物理上的安全性和一致性。

系统登录界面如图 5-14 所示。

5.4.3.2　地图控制功能

在菜单栏和工具栏中同时设置了实现对图层数据的添加、删除和对地图显示、放大、缩小、漫游、全局显示、前一视图、后一视图等控制操作,可以实现功能操作的多种途径;状态栏显示了当前登录者、经纬度坐标、地图比例尺和系统时间。另外,在图例窗口中实现对已有图层的隐显控制,在鹰眼窗口中可以显示地图窗口内容在全图中的位置及实

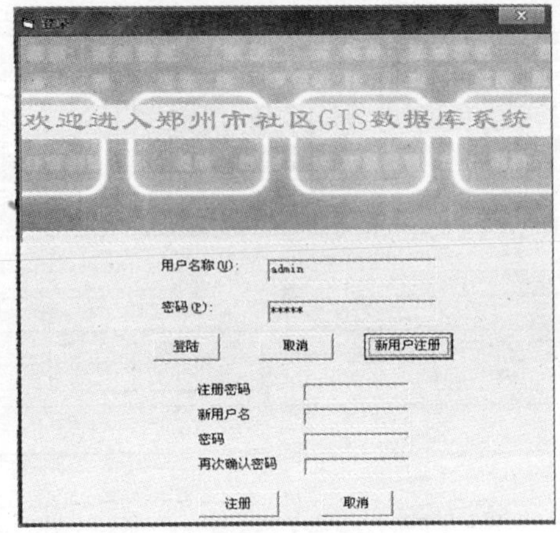

图 5-14　系统登录界面

现地图内容的快速定位。该功能是社区 GIS 数据库系统区别于其他社区 MIS 的突出特点之一。

系统主界面如图 5-15 所示。

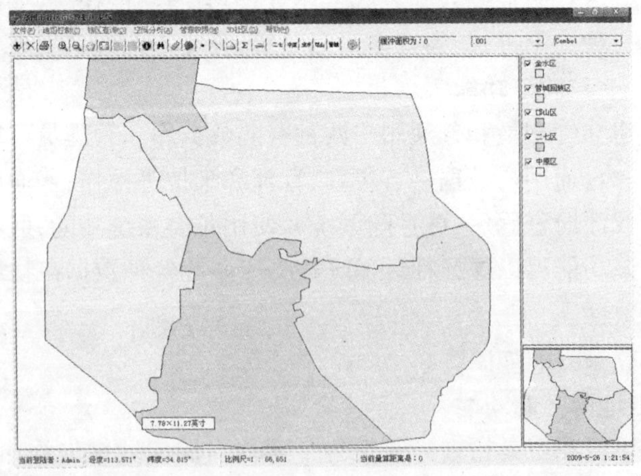

图 5-15　系统主界面

5.4.3.3　数据查询功能

数据查询功能分为定位检索、分层检索、开窗检索、条件检索和空间检索五种方式。定位检索是指鼠标定位于图形区域得到相应属性数据,鼠标指向属性数据则高亮显示相应图形数据;条件检索是指根据属性条件来检索图形数据,用属性数据的数据项和运算符构建条件表达式。数据查询功能是社区GIS数据库系统的主要功能模块,主要实现了定位检索和条件检索这两种查询方式。另外,也实现了对任意划定距离和面积的量算功能。

定位检索窗口、条件检索窗口分别如图5-16、图5-17所示。

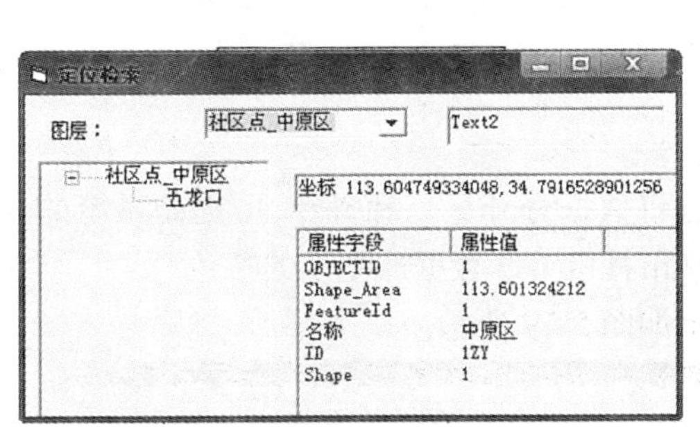

图5-16　定位检索窗口

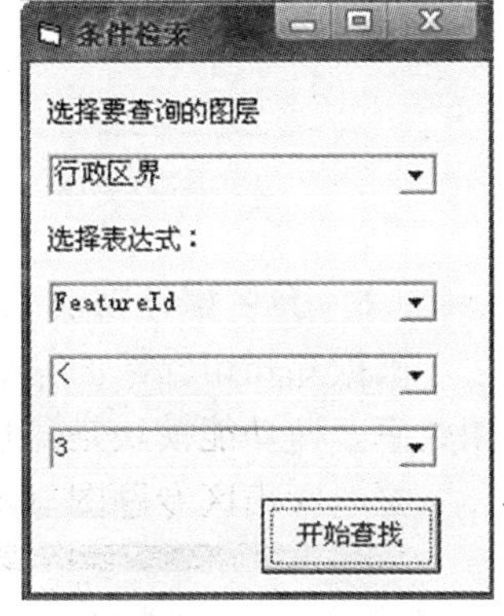

图5-17　条件检索窗口

5.4.3.4　三维演示功能

利用ArcScene渲染出各社区实物的三维场景,展现出3D社区模型。该功能操作较简单,在图5-15系统主界面图中可以实现操作。

5.4.3.5　制图输出功能

将用户自己制作的地图制作成专题图并输出,省去手工绘图的烦琐。

5.4.3.6　邻域分析功能

邻域分析包括缓冲区分析和泰森多边形分析。缓冲区分析可自动建立一定宽度范围内的多边形,泰森多边形分析可确定某点的最佳服务范围。该系统中只实现了前者。

5.4.3.7　统计制表功能

针对某一感兴趣的属性进行统计,例如辖区社区密度、社区人口统计等，并将统计结果制作成表格（或柱状图、饼图等）。该功能模块显示直观地表达了社区GIS数据系统中同类数据间的对比情况。各辖区含社区数目统计柱状图如图5-18所示。

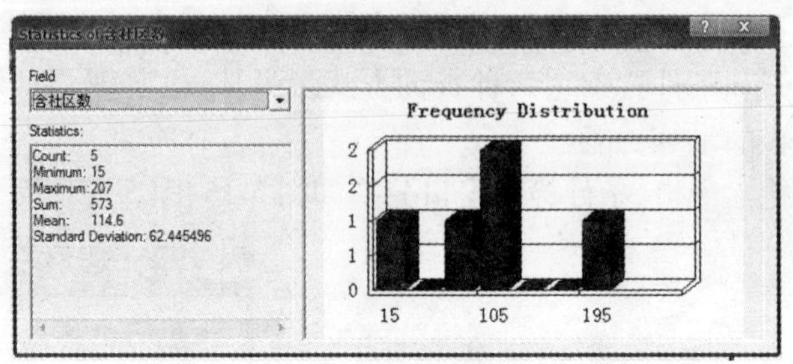

图5-18　各辖区含社区数目统计柱状图

5.4.3.8　分区操作功能

根据郑州市辖区的特点将数据分开显示和操作，可提高系统的使用效率。该功能模块是郑州市社区GIS数据库系统的特色。

二七区街区专题图显示如图5-19所示。

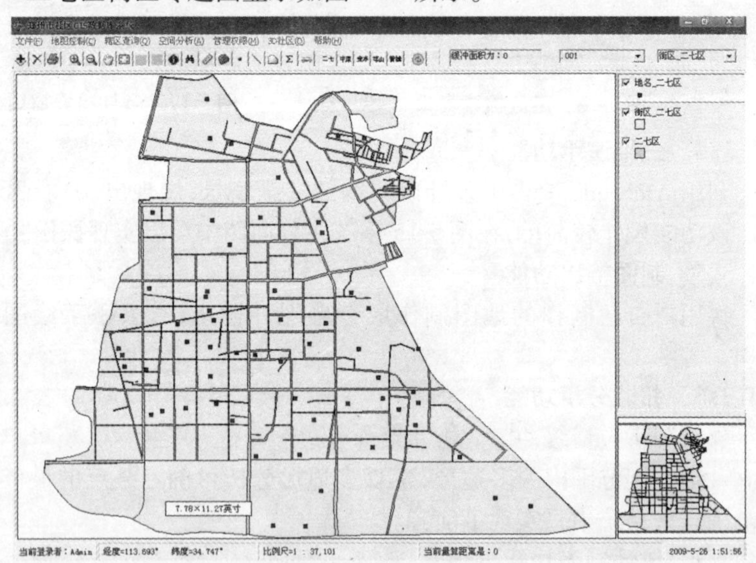

图5-19　二七区街区专题图显示

5.5　结论与展望

5.5.1　结论

本章首先探讨了社区GIS地理数据库中获取、分类和编码空间数据和属性数据的方法，接着进行GIS数据模型的设计，最后在分析GIS数据模型与数据库系统关系的基础上建立了社区GIS数据库系统的总体构架。本系统选用郑州市社区的基础数据，并分专题采集了相关空间信息和属性信息作为实验数据，开发了郑州市GIS数据库系统。

(1)结合社区信息化的背景，在分析当前国内外社区信息化发展的现状后，提出了本章研究的目的、内容和意义。

(2)在对各类地理数据库模型进行分析和对比的基础上，提出了本章所应用的GIS空间数据库类型，即选择Shapefile和Access分别存储空间数据和属性数据，实现集中管理社区空间数据和属性数据，保证了两类数据的完整性、一致性和安全性。

(3)在进行社区GIS空间数据模型的设计与构建时，把各类社区数据按概念模型设计、逻辑模型设计、物理模型设计的流程完成了社区数据由现实世界、信息世界到计算机世界的转化。在此基础上按GIS的技术要求对空间数据和属性数据进行分类、分层和编码，并且建立了数据间(属性数据和空间数据间、属性数据间)的联系，为系统功能的实现打下了基础。社区GIS数据模型和数据库功能的设计是本章主要的研究对象。

(4)在探讨数据模型与GIS功能之间的联系、GIS空间数据模型与GIS数据库管理之间的关系后，提出了郑州市社区GIS数据库系统的开发方式及系统总体构架，最后给出了系统部分功能实现后的界面。根据系统特点及服务对象，运用VB + MO的组件式GIS二次开发方式来实现系统功能。

(5)另外，在进行数据处理时练习使用了ArcGIS中的ArcMap、ArcCatalog和ArcScene模块进行数据处理；在系统开发时，熟悉了MO中各GIS基本功能属性类与VB的结合。

5.5.2　存在的问题

本章仅对 GIS 空间数据库中数据的组织进行了一定的研究和实践,还需做进一步的工作,对以下问题进行研究和探讨:

(1)系统目前主要侧重于 C/S 模式管理与使用数据,仅能进行信息的浏览查询,如果结合 Web GIS 将系统的使用通过网络进入社区的住户,将能更有利于社区的管理。

(2)社区信息服务平台的系统安全性需做进一步研究,数据的编辑、更新与维护功能没有实现。最好能实现数据的分布式处理,可以方便各管理部门同时更新数据,实现管理者对社区的有效监督。只有不断地丰富、更新数据,才能真正发挥服务居民的作用。

(3)数据模型设计不完善,按现代信息处理技术的发展,GIS 中的属性数据类型已不再是简单数据类型的集合,它既可能包括图像、声音、录像等各种媒体数据,还可能通过超级链接,继续链接各种 GIS 数据(如局部地段的细节图)。相应地,在属性数据库的浏览处理中,也需要做一番相应的考虑。

(4)空间分析能力较弱,还需做进一步研究,扩展系统功能。例如,公交线路查询功能和泰森多边形用于选址的功能没有实现,缓冲区分析和三维显示功能完成的比较粗糙,效果不是很好。

5.5.3　展望

社区信息化就是利用信息技术改造传统的社区管理方法,实现对社区信息的全面数字化管理,建立与数字城市的有机联系,提供数字化信息,实现政府对社区的监管,形成新的社区管理和服务模式。

随着社区信息化的不断发展,将会有越来越多的居民通过网络自主寻求社区服务,这将在很大程度上改变我国传统的社区服务模式,社区管理部门直接服务社区居民的职能会逐渐弱化,社区管理也将由现在的政府主导型为主转向社区居民自治为主的管理模式,社区管理工作更自动化、科学化。相信不久的将来,社区信息化将彻底改变人们的生活方式。

参 考 文 献

[1] 田智慧,李水旺,武舫,等. 地理信息系统导论[M]. 郑州:黄河水利出版社,2009.

[2] Paul A Longley,Michael F Goodchild,David J,et al. 地理信息系统原理与技术[M]. 唐中实,黄俊峰,等译. 北京:电子工业出版社,2004.

[3] 邬伦,刘瑜,张晶,等. 地理信息系统——原理、方法和应用[M]. 北京:科学出版社,2004.

[4] 胡鹏,华一新,黄杏元. 地理信息系统教程[M]. 武汉:武汉大学出版社,2007.

[5] 陆守一. 地理信息系统[M]. 北京:高等教育出版社,2006.

[6] 易网通物流门户网站,2008. 地理信息系统的概念与基本原理. http://www.ywt.cc/institute/222/37484.shtml.

[7] 田智慧,胡鹏,武舫,等. 公路交通地理信息系统的查询技术研究[J]. 武汉大学学报:信息科学版,2005,30(4):359-361.

[8] 田智慧,苗全生,武舫. 大区域物流配送中车辆路径选择的 GIS 研究[J]. 测绘科学,2008,33(5):155-157.

[9] Tian Zhihui,Wu Fang,Zeng Yuhuai. The research on data organization technology in the highway geographic information system. PROCEEDINGS OF SPIE(ISSNO 277-786X)71443E-1-10.

[10] 田智慧,武舫,周振红. 基于 GIS 的突发性水环境污染事件应急保障系统研究[J]. 灌溉排水学报,2009,28(4):131 134.

[11] 武舫,田智慧. GIS 数据模型中要素对象与要素类别的研究[J]. 安徽师范大学学报:自然科学版,2006,29(2):185-188.

[12] 田智慧,武舫,熊伟,等. 基于 DEM 的三维地图研究[J]. 安徽师范大学学报自然科学版,2005,28(1):103-107.

[13] 田智慧,武舫,周振红. 河南省水环境自动监测系统研究[J]. 人民黄河,2009,31(3):50-52.

[14] 武舫. 提高 GIS 中居民地要素层可视化效果的研究[J]. 测绘科学技术学报,2006(2):71-74.

[15] 武舫,田智慧. 基于多源空间数据的显示机制研究[J]. 测绘信息与工程,2006(8):34-37.

[16] 武舫,王家耀,熊伟,等. 基于公路普查数据面向最短时间的最优路径分析研

究[J].河南理工大学学报,2006(3):49-51.

[17] 武舫.地图符号化中的几个关键问题研究[J].测绘科学技术学报,2006(1):63-65.

[18] Wu Fang,Tian Zhihui,Zeng Yuhuai,et al. The research on the ambiguous path Identification technology[J]. Geoinformatics 2008 and Joint Conference on GIS and Built Environment. PROCEEDINGS OF SPIE(ISSNO 277-786X Vol 7144) 1G-1-9.